悦身心 会合作 善思辨
——成都高新区锦城小学"乐群学堂"探索与实践

李雪梅／主编

四川大学出版社
SICHUAN UNIVERSITY PRESS

图书在版编目（CIP）数据

悦身心　会合作　善思辨：成都高新区锦城小学"乐群学堂"探索与实践 / 李雪梅主编． — 成都：四川大学出版社，2022.7

ISBN 978-7-5690-5609-9

Ⅰ．①悦… Ⅱ．①李… Ⅲ．①小学－课堂教学－教学研究 Ⅳ．① G622.421

中国版本图书馆 CIP 数据核字（2022）第 133442 号

书　　名　悦身心 会合作 善思辨——成都高新区锦城小学"乐群学堂"探索与实践
　　　　　Yue Shenxin Hui Hezuo Shan Sibian—Chengdu Gaoxin Qu Jincheng Xiaoxue
　　　　　"Lequn Xuetang" Tansuo yu Shijian
主　　编　李雪梅

选题策划　于　俊
责任编辑　于　俊
责任校对　张宇琛
装帧设计　墨创文化
责任印制　王　炜

出版发行　四川大学出版社有限责任公司
　　　　　地址：成都市一环路南一段 24 号（610065）
　　　　　电话：（028）85408311（发行部）、85400276（总编室）
　　　　　电子邮箱：scupress@vip.163.com
　　　　　网址：https://press.scu.edu.cn
印前制作　四川胜翔数码印务设计有限公司
印刷装订　四川煤田地质制图印刷厂

成品尺寸　170mm×240mm
印　　张　13.5
字　　数　231 千字

版　　次　2022 年 10 月 第 1 版
印　　次　2022 年 10 月 第 1 次印刷
定　　价　86.00 元

本社图书如有印装质量问题，请联系发行部调换

版权所有　◆　侵权必究

四川大学出版社
微信公众号

主　编：李雪梅
副主编：林方全　江　凌　吴秋菊　康涛霞　刘　翟
编　委：毛晓峰　刘　莺　刘青霞　杜阆南　杨　欢
　　　　杨　娜　杨　雄　宋海燕　陈　瑜　林　江
　　　　周建东　查水莲　郭谨雯　雍　元
　　　　（按姓氏笔画排序）

序

拥有知识的人不如爱好知识的人，爱好知识的人又不如以知识为乐趣的人，此所谓"知之者不如好之者，好之者不如乐之者"。没错，兴趣是儿童最好的老师，"兴趣是一切良好教育的基本原则"。从这个意义上讲，教学的根本任务不在于教给儿童多少知识，而在于激发儿童内在的对知识的兴趣。遗憾的是，现实中的不少课堂成功地激发了学生考取高分的浅层学习动机，却没能更为有效地激活儿童内心深处的欲望和冲动，没能更为有效地激活源于儿童内心深处的好奇心、求知欲和探究欲，没能更为有效地激活儿童生命本源力量中的深层学习动机。在这种情况下，儿童主要依靠考取高分的浅层学习动机苦苦地支撑着他们的学习生活，其结果是儿童不仅较少体验到学习生活的乐趣与美好，而且难以激发出生命本身的活力与潜能。应该说，儿童切身感受到的课业负担和"无意义感"便与此难脱干系。在强调"减负提质"的当下，如何激活儿童的深层学习动机，让儿童达到"乐学"的状态，便是一个值得我们认真思考的原则性教学问题。

如果说"乐"是学习的最佳状态，那么，"群"则是学习的内在要求。根据本书的观点，这里的"群"大概包括三层含义。一是"协作"。虽然每个儿童都以自己的经验为背景建构自己关于事物的知识体系，但每个儿童又只能理解到事物的不同方面。而儿童通过相互协作，则可以超越自己的认识，看到那些不同的理解，从而形成关于事物的完整理解。此所谓"独学而无友，则孤陋而寡闻"。二是"交融"。学习，既是儿童个体的独立建构过程，又是心灵与心灵的对话过程。在心灵的对话过程中，既有情感的交流，又有思维的碰撞，还有智慧的汇聚。正是通过心灵的对话，生命与生命相互汲取养料，儿童得以释放出生命潜能，不断实现生命最大限度的发展和超越。三是"整合"。教学面对的是多面的人和整体的人，其目的是人的多面发展和整体发展。人不是可以拆解的机械物，也不是多方面的混合体，而是各种机能、属性或特质的有机整体。不仅如此，人的任何一种机能、属性或特质都是一种整体存在，都是人作为整体存在的具体表现。面对整体的人，培养整体的人，当然需要整体的教学，需要引导儿童展开更具整合性的课堂学习。

乐，乃兴趣之事。尽兴方能至乐！回到实践中，乐学的关键在于激发儿童的知识兴趣，在于激发儿童深层的知识兴趣。儿童的深层兴趣首先来自儿童的原始本性，来自儿童内心深处的好奇心、求知欲和探究欲。作为灵魂的工程师，教师需要学会把握儿童的心脉，学会找准儿童心灵的触发点，即新奇处、困惑处、共鸣处和挑战处。唯有找准儿童心灵的触发点，我们才能创设出精妙、巧妙的问题情境。唯有创设出精妙、巧妙的问题情境，我们才能触及儿童的心灵，进而激发儿童的深层兴趣，最终让儿童真正达到乐学的状态。倘若要让儿童乐学于群，让儿童乐学于协作、交融和整合之中，便需要深度整合和深度互动的教学。深度整合的教学在宏观上指向学科与生活的整合和学校与社会的整合，在微观上指向知识与事物的整合、知识与知识的整合、知识与行动的整合以及知识与心灵的整合，在目的上指向儿童的多方面发展和整体性发展。深度互动的教学在前提上取决于儿童的切身体验和高阶思维，在过程上表现为儿童之间的讨论与辩论、欣赏与评价、质疑与批判，在结果上表现为儿童的深度理解和实践创新。无论是教学的深度整合还是儿童的深度互动，回归实践活动的核心问题教学则是其中的一种有效方法，大概念教学又是一种可以尝试的新方法。

正是出于这些思考与认识，成都高新区锦城小学提出"乐群学堂"的教学改进构想，并持续不断付诸实践探索。几年下来，学校确立了"乐于群，群中乐，成于乐"的乐群学堂主张，凝练出"主动参与—协作建构""情感交融—思维碰撞""分享成果—体验成功"三个乐群学堂特质，并抓住"悦身心""会合作""善思辨"三个着力点,按照不同课型对乐群学堂的教学策略展开了细致的研究。统揽全书,本书不仅汇聚着全体教师的教育情怀和敬业精神,而且还蕴涵着全体教师的实践思维和教学智慧。我相信:凡是有缘与此书碰面的教学管理者和一线教师都会从中获益!

四川师范大学教育科学学院院长
2022年1月于成都

目 录

第一章 乐群学堂概述 ·· 1
  第一节 乐群学堂产生的背景 ··· 1
  第二节 乐群学堂的内涵 ··· 3
  第三节 乐群学堂的理论基础 ··· 4
  第四节 乐群学堂的特征 ··· 6

第二章 乐群学堂的研究践履 ··· 8
  第一节 伊始，语文先试点 ·· 8
  第二节 纵深，全科齐开花 ··· 19

第三章 "乐群教育"之"智美语文" ··· 34
  第一节 "智美语文"概述 ·· 34
  第二节 "智美语文"典型教学设计 ··· 46
  第三节 "智美语文"教学实录与反思 ··· 61
  第四节 "智美语文"教学研讨 ·· 71

第四章 乐群学堂之"智趣数学" ··· 92
  第一节 "智趣数学"概述 ·· 92
  第二节 "智趣数学"典型教学设计 ··· 103
  第三节 "智趣数学"教学实录 ·· 118
  第四节 "智趣数学"教学研讨 ·· 128

第五章　乐群学堂之"智悦英语" ……………………………………… 145
第一节　"智悦英语"概述 ……………………………………………… 145
第二节　"智悦英语"典型教学设计 …………………………………… 153
第三节　"智悦英语"教学研讨 ………………………………………… 162

第六章　乐群学堂之艺体综合学科 ……………………………………… 167
第一节　艺体综合乐群学堂概述 ………………………………………… 167
第二节　艺体综合乐群学堂典型教学设计 ……………………………… 178
第三节　艺体综合乐群学堂教学实录 …………………………………… 193
第四节　艺体综合乐群学堂教学研讨 …………………………………… 199

第一章　乐群学堂概述

课堂是贯彻与落实党的教育方针和实施先进教育理念的主要场所，当代探索教育改革的一个原点就是研究课堂。要研究乐群学堂，首先得从乐群学堂的诞生说起。

成都高新区锦城小学始创于 1904 年，距今有 117 年的办学历史。作为一所百年老校，学校文化底蕴深厚。学校坐落在风光旖旎、人文荟萃的锦城之南。家长素质高、要求高，对学校教育有着高期待、高要求。教师默默耕耘、静待花开，扎实耕耘于课堂教育教学改革。乐群学堂就在这样的环境下应运而生。2013 年以来，学校以语文学科为试点，开始了乐群学堂研究。接着拓展到数学学科，直到全学科。九年来，学校教师扎根于乐群学堂的沃土，获得了丰硕成果。

第一节　乐群学堂产生的背景

一、促进儿童全人发展的需要

社会的变革和发展需求引发了教育的革新。联合国教科文组织早就提出了教育的四大支柱目标：学会求知、学会做事、学会合作以及学会生存与发展。作为一个新时代的社会人，情绪调控能力、思辨能力、合作能力、解决问题能力的培养等，显得尤为重要。教育部于 2014 年 4 月 25 日正式印发《关于全面深化课程改革　落实立德树人根本任务的意见》，明确提出全科育人、全程育人、全员育人，使学生具备适应终身发展和社会发展需要的必备品格和关键能力。2016 年《中国学生发展核心素养》的发布，充分呈现了现代社会对人的需求特征。中国学生发展核心素养以培养

"全面发展的人"为核心，分为文化基础、自主发展、社会参与三个方面，综合表现为人文底蕴、科学精神、学会学习、健康生活、责任担当、实践创新等六大素养，具体细化为国家认同等18个基本要点。各素养之间相互联系，紧密结合。2019年，《关于深化教育教学改革全面提高义务教育质量的意见》明确指出要强化课堂主阵地作用，切实提高课堂教学质量，优化教学方式。可见，培养社会需要的新时代人才，很大程度上得通过教育功能的转变来达成这个目标，这就要求教师提高课堂教学效率，学生转变学习方式主动愉悦地参与学习，形成较强的合作能力、思辨能力等，以适应社会竞争，推动时代的发展。

二、推动学校高品质发展的需要

"成都，一座来了就不想走的城市。"一个城市未来的发展，以及这座城市所蕴含的美学品格，是一个城市品牌价值最具吸引力的地方。成都市委明确提出"构建'蜀风雅韵、大气秀丽、国际现代'的城市形态，彰显公园城市的美学价值"。这种美，倡导的是生态宜居、和谐共生。

锦城小学地处成都核心区域高新区。作为教育人，我们坚定地认为，学校和城市之间有着不可分割的血肉联系。那么，我们应该通过怎样的学校教育去助推城市发展呢？锦城小学结合"中小学生核心素养"和城市发展规划，在"儿童是教育的唯一中心"教育思想的指引下，推进"乐群教育"。2013年至今，学校对乐群教育理念指导下的课堂教学进行聚点研究，变"课堂"为"学堂"，彰显学生主体地位。"优美和乐·共同协作"是乐群教育精神所在，彰显了"生态宜居、和谐共生"的城市发展理念。这也是学校品质发展的现实需要。

三、改善我校课堂教学现状的需要

自主、合作、探究的学习方式在课程改革中深入人心，但回归课堂教学现状，我们发现目前的课堂教学还存在如下问题，需继续进行深入而全面的研究：

一是快乐学习表面化。新课改背景下，课堂发生了翻天覆地的变化，课堂改革促使教师重视学生学习过程中愉悦的情感体验，浅层次表扬、奖励过多，学生获得过量的快乐满足，表明教师在课堂上更注重学生外显性的愉悦感受，缺乏对隐性的学习成就感和实现价值感的关注，学生对学习的内生性热爱不足。

二是合作学习形式化。合作学习是目前课堂上常见的学习形式之一，教师都很重视在课堂上把学生分成若干个小组，以便于组织开展合作学习，但很多时候小组合作学习往往停留在表面的热闹形式上，合作的功能比较单一，只是着眼于答案的获得，对方法的总结还不够；合作的目标不够精准，只是为合作而合作，对重难点的指向不明确；合作的类型比较单一，多是四人小组合作，对学生年龄段特点和学习内容缺乏考量。

三是思维培养浅层化。思辨能力是小学阶段一种重要的学习力，它关乎学生思维的深度和广度。但在小学课堂中，教师往往注重培养学生选择、判断、借鉴的思辨能力，对比较高阶的思辨能力，如分析、梳理、整合能力的培养却少之又少，这对学生深层次思辨能力的培养具有一定的局限性。

四是教学变革单一化。课堂教学是一个有机整体，包含四个主要因素：目标、内容、方式、评价。在新课改的大潮流中，研究者们往往注重教学方式、策略的变革或课程内容的建构，呈现出对课堂教学的单一性研究，对各要素的研究如火如荼，但缺乏对四要素的整体建构。相反，只有对四要素进行整体性研究，才能实现课堂教学的一体化和高效率。

第二节 乐群学堂的内涵

一、关于乐群的界定

黄炎培认为，所谓"乐群"，是指具有优美和乐之情操及共同协作之精神，即有高尚情操和群体合作精神，有利居众后、责在人先的服务精神以及奉献精神。我们认为，乐群即学生乐于群，乐于在群体中协作建构；群中乐，在群体建构协作中体验快乐；成于乐，在快乐的协作建构中成长与发展。

二、乐群教育的概念界定

2013年，学校提出"乐群教育"主张。2018年，结合中小学生核心素养（以培养"全面发展的人"为核心，分为文化基础、自主发展、社会参与三个方面，综合表现为人文底蕴、科学精神、学会学习、健康生活、责任担当、实践创新六大素养，具体细化为国家认同等18个基本要点），秉持学校"儿童是教育的唯一中心"的教育思想，变"课堂"为"学堂"，对"乐群教育"的内涵加以完善，明确提出乐群教育是尊重生命个体的多样性，充分发挥集群优势，以愉悦的学习氛围为基础，以合作的学习方式为载体，实现生命个体与群体共同发展的教育。乐，乐观、乐和、乐享。群，群学、群思、群长。"优美和乐·共同协作"是乐群教育的精神。

三、乐群学堂

"乐群学堂"是指以乐群教育理念为导向，国家学科课程为主干，学科课堂学习为基础，形成以内容、形式、评价三位一体的课堂实践模式。

"乐"，是较于"苦"而言的。孔子说，"知之者不如好之者，好之者不如乐之者"，学习的最高境界就是"乐"。"乐"就强调了学习是学生和教师共同幸福成长的发展过程，让学生成为课堂的主人，在民主平等、自由愉悦的氛围中充分享受学习的快乐，真正做到乐而好学。

"群"，是较于"独"而言的。《礼记·学记》有言："独学而无友，则孤陋而寡闻。""乐群学堂"的"群"是一种综合视野下的思维方式，不仅是指学生根据学习任务建立的学习共同体，更是指以"群"的方式对学习内容进行连接和融合，同时以"群"的方式对评价方式进行补充和完善。

"乐群学堂"一切以学生为主，教师的角色转变为学习活动的设计者和学生有效学习的服务者，学生的学习方式转变为自主学习、合作学习及探究学习，教学过程转变成了生本互动（独学）、生生互动（合学）、师生互动（共学）、内外联动（拓学）的过程。

总之，乐群学堂是主动参与和协作合作的学堂，是情感交融与思维碰撞的学堂，是分享成果与体验成功的学堂。

第三节 乐群学堂的理论基础

一、建构主义学习理论

课程改革进行到今天，学生的主体地位和教师的主导作用已经成为共识。关于教师和学生在课堂中的相互作用，建构主义理论认为，教师是学生建构知识的忠实支持者。教师的作用从传统的传递知识的权威转变为学生学习的辅导者，成为学生学习的高级伙伴或合作者。教师应该给学生提供复杂的真实问题。他们不仅必须开发或发现这些问题，而且必须认识到复杂问题有多种答案，激励学生对问题解决提出的多重观点，这显然是与创造性的教学活动宗旨密切吻合的。教师必须创设一种良好的学习环境，学生在这种环境中可以通过实验、独立探究、合作学习等方式来展开他们的学习。教师要成为学生建构知识的积极帮助者和引导者，激发学生的学习兴趣，引发和保持学生的学习动机。

二、支架式教学

支架式教学应当为学习者理解知识提供一种概念框架。这种框架中的概念是学习者进一步理解问题所需要的，为此，事先要把复杂的学习任务加以分解，以便将学习者的理解逐步引向深入。支架式教学由以下几个环节组成：

（1）搭脚手架——围绕当前学习主题，按"最邻近发展区"的要求建立概念框架。

（2）进入情境——将学生引入一定的问题情境。

（3）独立探索——让学生独立探索。探索开始时要先由教师启发引导，然后让学生自己去分析；探索过程中教师要适时提示，帮助学生沿概念框架逐步攀升。

（4）协作学习——进行小组协商、讨论，最终完成对所学知识的意义建构。

（5）效果评价——评价内容包括自主学习能力、对小组协作学习的贡献、是否完成对所学知识的意义建构。

三、认知心理学

认知心理学包括以皮亚杰为代表的建构主义认知心理学、心理主义心理学和信息加工心理学，狭义上就是信息加工心理学，它用信息加工的观点等研究人的接受、贮存和运用信息的认知过程，包括对知觉、注意、记忆、心象（即表象）、思维和语言的研究。主要的研究方法有实验法、观察法和计算机模拟法。

认知心理学的主要理论观点有以下三种。

1. 强调前摄知识的作用

认知理论认为，知觉是确定个体所接受到的刺激物的意义的过程，这个过程依赖于来自环境和来自知觉者自身的信息，也就是知识。完整的认知过程是定向—抽取特征—与记忆中的知识相比较等一系列循环过程。知识是通过图式来起作用的。所谓图式是一种心理结构，用于表示我们对外部世界的已经内化了的知识单元。图式接收到适合于它的外部信息就会被激活。被激活的图式使人产生内部知觉期望，用来指导感觉器官有目的地搜索特殊形式的信息。

2. 强调认知过程的整体性

现代认知心理学认为，人的认知活动是认知要素相互联系、相互作用的统一整体，任何一种认知活动都是在与其相联系的其他认知活动的配合下完成的。

此外，在人的认知过程中，前后关系很重要。它不仅包括人们接触到的语言材料的上下文关系，客观事物的上下、左右、先后等关系，还包括人脑中原有知识之间、原有知识和当前认知对象之间的关系。

3. 产生式系统

产生式系统的概念来源于数学和计算机科学，1970年开始广泛应用于心理学。它说明了人们解决问题时的程序。在一个产生式系统中，一个事件系列产生一个活动系列，即条件—活动（C—A）。其中条件是概括性的，同一个条件可以产生同一类的活动，条件也会涉及某些内部目的和内部知识。可以说，产生式的条件不仅包括外部刺激还包括记忆中贮存的信息，反映出现代认知心理学的概括性和内在性。

第四节 乐群学堂的特征

一、营造"悦身心"的学习氛围

"悦身心"的学习氛围体现在课堂有"笑声"，即课堂趣味盎然，教师通过幽默的语言、精巧的设计、鼓励式的评价，让学生眼中有笑意、脸上有笑容、课堂有笑声;课堂有"掌声",既有肯定鼓励同学的掌声,又有学生学有所获时由内而外的掌声;课堂有"辩论声",在平等、宽松的学习环境里,开阔思维,放飞思想,有辩论之声。

二、培养"会合作"的交往能力

"乐群学堂"以"群落"的形式,组织学生进行交流沟通,通过合作,让课堂丰实(生成多元),让课堂充实(效率提高),让课堂扎实(思考深入)。合作的精神不仅包括分工与合作,还体现为接纳、尊重及团结友爱的精神,会合作的孩子更具有责任感、使命感和担当感。

三、训练"善思辨"的思维品质

强调三个关注:关注思维方式的培养,即在课堂上根据不同课型、不同内容,灵活选择学生思维培养方式,以归纳推理为主,演绎推理为辅;关注课堂的开放程度,包括教师心态的开放(从教师带着教材走向学生,变为学生带着教材走向教师),问题的开放(从教师设置问题,变为学生提出问题),内容的开放(从就教材教教材,变为以教材为基点不断连接融合其他要素,进而丰富学习内容);关注知识建构的立体全面,即组织学生在学习活动中从知识的共同性、差异性、相似性三位一体完成知识建构,实现学习迁移。

乐群学堂的特征可简化为图 1—1:

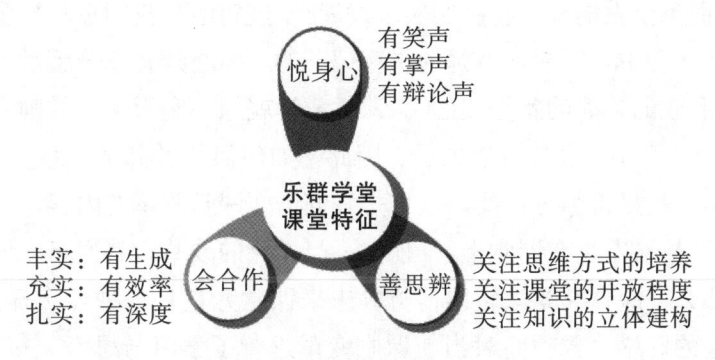

图 1—1　乐群学堂课堂特征图

第二章　乐群学堂的研究践履

锦城小学对乐群学堂的研究始于 2013 年。近年来，锦城小学的教师们默默耕耘，扎根于课堂教学改革。数年日夜兼程，数年风雨依旧，对乐群学堂的实践研究与理论探索凝聚了锦城小学全体师生的辛劳与智慧，更坚定了我们实现教育理想的价值追求。时至今日，我们乐群学堂的研究初衷始终不变，我们全面推行乐群教育的信念不变。回顾乐群学堂研究的历程，我们感慨万千，我们豪情不变。

第一节　伊始，语文先试点

一、分组改革

"简简单单教语文，扎扎实实求发展。"这句话是我们在一次全国青年教师赛课活动中，听崔峦老师的讲座记下的，内心颇有几分感触。有道是"简的是有效的，简的就是美的"。课堂教学就像一座天平，教师主导的时间多了，学生自主的时间就少了。因此，如何简化教师的"教"，优化学生的"学"就显得弥足重要，这也是我们语文课堂改革的内容。

"改革最终发生在课堂上。"任何一门学科的改革，其变革之地首先在课堂。那么，课堂究竟该转向何方？未来课堂究竟是一种什么样的状态？带着心中的疑惑，教师们对当前课堂变革进行了学习与思考。审视当前，我们惊奇地发现：课堂模式越来越多，教师却觉得教学越来越难；看似学生在课堂上动了起来，但思维却静了下去；师生互动多了起来，但爱发言的学生却越来越少了……在这个教学模式不断推陈出新的时代，我们立足于学生语文学科核心素养的发展，不断探索语文课堂真实且高效的模式。

如果您是一位有过高年级段语文教学体验的教师，您定和同事有过这样的对话："今天这堂课，又只有那几个孩子举手。""我也是！我也是！经常自问自答。"这样的交流多了，问题也就在教师们心中萌了芽。为什么到了中高年级段，总是只有几个孩子发言？其他的孩子才是班级的主体，难道课堂不属于他们？怎么才能提高这部分孩子的课堂参与度？怎么真正让所有孩子成为课堂的主人？

锦小乐群教育的启蒙之花就是思想碰撞的产物。就这样，时任教导处主任江凌老师带着学校的康涛霞、刘青霞、查水莲等几位年轻老师，开始了语文课堂的变革探索之旅。我们首先想解决的问题是如何让学生在有限的40分钟内全部动起来，小组合作学习首先进入了她们的视线。那么，小组学习该如何进行？像以前一样四人小组合作，发言的还是小组发言人啊？这样不行，同样是小组，应该是一种全新的模式，是一种不受时间空间限制、完全尊重孩子学习意愿的小组形式。不断地思考与思想碰撞之后，我们想到了这样的小组：俗话说："人心齐，泰山移。"未来社会，个人与个人之间，国家与国家之间，民族与民族之间，必将呈现出越来越多的合作共赢的发展态势。我们的乐群课堂以"群落"为单位开展学习探究活动。每个学习"群"的人数限制在六人左右，保障每个学生全面、深度参与的时间。自由分组让每个学习群落成员之间能更均衡地享受学习过程，没有强权与服从，更多的是对话与选择。

（一）推选组长

"火车跑得快，全靠车头带。"每个月上学的第一天，我们都会让学生自己推荐组长人选，推选出的组长有的聪明好学，有的乐于助人，有的认真负责，有的组织能力较强。学生推荐组长最大的益处在于，组长不会是清一色的"学霸"：原来除了成绩之外，学生身上还有这么多美好品质值得我们去关注、去培养！

（二）选择组员

"车头"诞生了，紧接着便由组长依次选择组员，教师对组长挑选组员的要求只有两个：一是要志同道合，二是要有两位或两位以上的异性成员。第一次分组时，本以为各位"组长大人"会根据同学们的成绩来挑选合作伙伴，出乎意料的是，有位组长第一个挑选的竟然是我们班出了名的

"淘气包"，挑选理由是："他太调皮了，其他同学根本没有办法管束他。我是他的好哥们儿，我可以帮助他。"语毕，全班响起雷鸣般的掌声，其他组长在他的影响下，选择组员也先挑弱势群体，大有一种"利居众后、责在人先"的气度。

（三）确定序号

小组成员确定后，由组长负责安排座位。组长细致周到的思考，让我不得不叹服叫绝：女生男生间隔坐，避免交头接耳；学优生和学困生紧挨坐，有利于"一帮一"；视力不好的坐前面，便于看清黑板；个子高的坐旁边，避免遮挡后面小组同学的视线……座位确定后，学生们按顺时针方向，确定出了自己在组内的序号，为课堂上的小组合作学习做好了准备。

（四）环节突破

审视当前语文课堂教学，还是偏重知识的传授，许多教师仍将大量时间花费在超越学生认知水平的文章分析、详细讲解上，学生的智慧火花难以迸发，这是语文教学始终徘徊不前的根本原因。

追求高质量的语文课堂教学，关键是从根本上实现教师角色的转换——由知识的传授者变为学生学习的组织者、引导者和启发者，让学生在学习和积累语言文字的过程中掌握语言。课堂教学中一定要摒弃低效的灌输和烦琐的演练，追求简练和实用，讲究对话和共享，活化学生思维。

我校"乐群课堂"就是以"群落"为主要教学方式的课堂样态，具体表现为学生"自学""共学""享学"的学习方式与教师"先学""让学""助学"的教学策略。

1. 学生学习方式："自学""共学""享学"

（1）"自学"

没有充分独立的思考，就没有平等有效的交流。在自学过程中，学生以议题为导向，通过研读文本，分别与文本、作者和自己对话，用自己喜欢的方式进行勾画、批注，及时将自己的所思所得记录下来，在已有知识经验和学习内容之间的建立联系，初步形成具有个体特色的认知观点，为"共学"做好准备。

（2）"共学"

没有和谐平等的对话，就没有灵动高效的生成。在学生自学的基础上,"乐群课堂"让选择相同议题的学生自由组合,形成六人以内的小"群落",进行20分钟的合作共学。学生在相对放松的环境中,或两两一组,或三四成群,或坐或站,就自己喜欢的议题讨论交流,补充完善。自由带来的不是散漫,而是专注。学生间的组合方式随着议题的变化而变化,自主性、灵活性提高了,学生个体在与不同的"群落"成员合作的过程中,接受多元交流影响,学会改变和适应。共学的最大特点就是"自由"。

(3)"享学"

"享学"就是分享学习成果,享受学习成就。"乐群课堂"提倡在每一篇课文的学习中,务必保证每个孩子都有一次自学建构的机会,有一次组内合作交流的机会,有一次全班展示分享的机会。一个小组分享完后,其他小组从学习效果、汇报形式、参与态度等方面对该学习"群落"进行"1+1"的评价,最后共同提升、全面提升。每个小组汇报结束后,将由学生和教师对他们进行综合评分。学生在分享成果和展示自我的过程中,自我效能感不断增强,个人价值得到体现,深深爱上语文"乐群课堂"。

2. 教师教学策略:"先学""让学""助学"

(1)"先学"

教师"先学"学情和教材,做到心中有经纬,以便在后面的"让学"和"助学"中有的放矢。在"乐群课堂"中,教师从学情和教材出发,设置有梯度的议题。议题的确定要把握三个原则:一是生本化,让每个学生都能找到适合自己的"水晶鞋";二是分层化,议题的设置对查找与回忆能力、理解与分析能力、评价与反思能力都要有所兼顾;三是开放化,灵活的议题促进学生思维多向性发散,要有"一石激起千层浪"的效果。

(2)"让学"

"乐群课堂"中的"让学"主要表现在三个方面。让时间,即每篇课文给学生5分钟自学的时间,20分钟共学的时间,让学生充分与文本对话,与同学深入交流。让空间,即每次共学,学生可以在教室里自由选择空间位置,以比较放松的身心投入自由而有序的共学。让选择,即因学生的兴趣爱好、已知未知不同,我们允许其"选择学习任务";因学生的知识能力、情感志趣不同,我们允许其"选择学习伙伴"。

(3)"助学"

在"乐群课堂"中的助学首先体现为教师在学科上的助,即学生学而不达时引导，学生学有所获时小结，学生出彩创新时升华。其次是教师在育人上的助，即保证每一个学生都有展示分享的机会。引导汇报者和倾听者之间的相互尊重，引导学生评价具有针对性。随着实践的累积，学生慢慢明白，尊重他人是建立在倾听的基础之上的，帮助他人也是提升自己的一种方式，"求同存异"能将不同观点的作用发挥至最大。

3. 小学语文乐群课堂典型课例研究

（1）中高年级段课内阅读乐群课堂教学流程

在课例研究的基础上，形成了中高年级段课内阅读乐群课堂教学策略，总结提炼如下（图2-1）：

成立小组，选择伙伴 → 出示课题，读通课文 → 出示议题，潜心自学 → 组内分享，认真倾听 → 选择议题，深入探究 → 选择形式，分享提升 → 小结收获，拓展延伸

图2-1　中高年级段课内阅读乐群课堂教学流程图

详细阐释如表2-1所示。

表2-1　中高年级段课内阅读乐群课堂教学实施步骤

环节	实施要点	思考与收获
（1）成立小组，选择伙伴	学习"群"的人数限制在六人左右	若人数过多，无法保障每个学生全面、深入参与的时间；若人数过少，会导致汇报时重复情况严重，且效率较低
	民主推选组长，原则上一学期每个学生只能担任一次组长	组长的产生兼顾了每位学生的智力因素与非智力因素
	自由选择组员。要求：一是要志同道合，二是要有两位或两位以上的异性成员	益处1：让每个学习群落成员之间能更均衡地享受学习过程，少了强权与服从，多了对话与分享。逐步消除组内交流的软性不公和话语霸权 益处2：有利于培养学生"利居众后、责在人先"的气度 益处3：有利于培养每一个成员的责任意识和奉献精神
	自主确定序号	组长考虑细致周到，培养学生的全局观

续表

环节	实施要点	思考与收获
（2）出示课题，读通课文	教师或情景导入，或开门见山，引出课题，学生在预习的基础上，依次朗读课文，教师及时正音，帮助学生把课文读正确、读通顺	全方位熟悉课文，对后续学习奠定基础
（3）出示议题，潜心自学	议题的设置既要考虑阅读理解的三个层次，即查找与回忆—整合与解释—批判与评价，又要充分考虑议题的意义性（是否紧扣文章主题），议题的层次性（是否循序渐进），议题的完整性（是否囊括文章的要点）	
	学习要求：静思默想，勾画批注	建构已有知识经验和当前学习内容之间的联系
	学习时间：不少于3分钟	没有充分独立的思考，就没有平等有效的交流
（4）组内分享，认真倾听	用时7分钟，每人1分钟	一是督促自学时认真高效；二是培养每一个学生的交流与表达；三是养成认真倾听的习惯，为后面的选题做好准备
	按照序号依次发表自己的观点	
	人人参与，认真倾听	
（5）选择议题，深入探究	HiTeach教学应用软件，对所有小组进行随机抽点	保障机会均等
	选择适合自己小组的学习内容	这个过程实质上是学生对自己从现有状况到可能到达的理想状况之间的一个评估
	进行5分钟左右的深入探究学习	充分调动了学生的主观能动性，让他们在深入交流、合作中形成智慧的结晶，享受学习过程的愉悦
（6）选择形式，分享提升	自主选择汇报形式：集体汇报，随机抽点	不仅学习了学科知识，还培养了认真倾听、总结归纳、均衡分工等优秀品质
	从学习效果、汇报形式、参与态度等方面对学习"群落"进行"1+1"的评价	
	对汇报"群落"进行综合评分	

续表

环节	实施要点	思考与收获
（7）小结收获，拓展延伸	1. 本节课检测享学你学到了什么？ 2. 还有什么疑问吗？	一节优秀的课，应该使学生感到收获满满，更应该引发学生无限思考

（2）其他乐群课堂典型课例教学流程

①低年级段识字乐群课堂教学流程如图2-2所示：

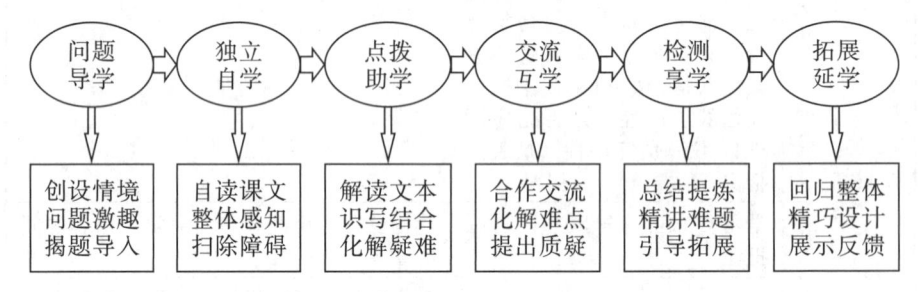

问题导学 → 独立自学 → 点拨助学 → 交流互学 → 检测享学 → 拓展延学

创设情境
问题激趣
揭题导入 | 自读课文
整体感知
扫除障碍 | 解读文本
识写结合
化解疑难 | 合作交流
化解难点
提出质疑 | 总结提炼
精讲难题
引导拓展 | 回归整体
精巧设计
展示反馈

图2-2　低年级段识字乐群课堂教学流程图

②高年级段课外阅读乐群课堂教学流程如图2-3所示：

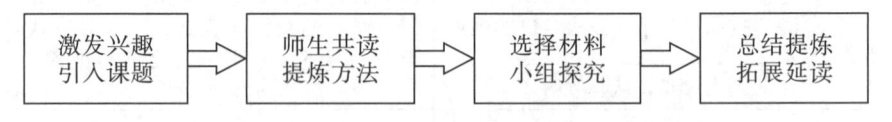

激发兴趣
引入课题 → 师生共读
提炼方法 → 选择材料
小组探究 → 总结提炼
拓展延读

图2-3　高年级段课外阅读乐群课堂教学流程图

③高年级段习作乐群课堂教学流程如图2-4所示：

引入课题，问题导学 → 总结提炼，学法总结 → 成立小组，选择伙伴 → 出示课题，组内探究 → 抢答分享，学法演练 → 拓展练笔，分享提升

图2-4　高年级段习作乐群课堂教学流程图

三、任务驱动

任务驱动，指在学习的过程中学生在教师的帮助下，紧紧围绕一个共同的任务活动中心，在强烈的问题动机的驱动下，通过对学习资源的积极主动应用，进行自主探索和互动协作的学习；并在完成既定任务的同时，引导学生产生一种学习实践活动。为了极大程度地激发学生学习语文的主动性和积极性，学校语文教师大胆尝试，积极探索，敢于率先"吃螃蟹"。

著名教育家叶圣陶曾说过,"教学有法,教无定法,贵在得法"。所谓"有法"是指不同学科的教学皆有一定规律可循;所谓"无定法"是指在具体的教学中并不存在放之四海而皆准的万能之法,一切都需因人、因境而定,所以才能"贵在得法"。但课堂教学怎样贯彻以教师为主导、以学生为主体、发挥学生主观能动性去探究学习?我们也有些许自己的思考。以导学、任务驱动为总思路设计课堂教学流程,围绕问题开展自主学习、探究式学习、展示以及评价的教与学模式符合学生认知规律,这不仅能有效激发学生学习的主动性和自觉性,还能提高课堂的学习效率。

任务驱动型教学方式能为学生提供体验实践和感悟问题的情境,围绕任务展开学习,以任务的完成结果检验和总结学习过程,改变学生的学习状态,促使学生主动建构探究、实践、思考、运用、解决高智慧的学习体系。

问题的提出,实际上就是目标的预设,是贯穿整个课堂的要解决的核心问题。基于一篇课文,总有目标的预设,总有需要学生达成的解决能力,用问题来驱动学生学习的原动力,是激发学生学习兴趣、培养学生自觉学习态度的实质,是提升学生自主学习能力、合作能力与探究能力的首要条件。

在这个过程中,教师应该做到:

1. 结合学生特点,精心设计任务

在教学过程中,把教材中的每一个教学目标章设计成一个大任务,再将大任务分为若干小任务,每一节又由一个或几个小任务组成。每一个任务的确立都根据学生现有知识状况、教学内容的统筹安排而定。

2. 引导学生分析任务并提出问题

每一个任务中都包含新、旧知识,学生接受任务后首先思考如何去完成任务,在完成任务的过程中将遇到哪些不能解决的问题。学生自己提出的问题,就是他们想要学习的知识点,此时教师再将新知识传授给他们,这就调动了学生主动求知的欲望。

3. 根据提出的问题,及时讲授新知识

问题提出后,就需要开始寻求解决问题的方法了。老问题学生自己解决,新问题要通过师生的共同探索解决。每次授课的时间应在3~10分钟之内,然后让学生动手进行一个与刚才授课内容相关的练习或活动,即完成一个小任务。学生们听了一段时间课刚要开始走神，思路立刻又被下一个活动拉了回来。活动或任务做完，就着刚才的兴奋劲儿，下一部分的授课又开始了。这样，学生的思路始终紧跟教师的授课内容。他们在动手的过程中及时强化了所学的知识，完成任务时又获得相应的成就感。

"任务驱动"教学需要注意以下两个问题。

1. 把好任务设计关

第一，"任务"设计要有明确的目标，要求教师在学习总体目标的框架上，把总目标细分成一个个的小目标，并把每一个学习模块的内容细化为一个个容易掌握的"任务"，通过这些小的"任务"来体现总的学习目标。第二，"任务"设计要符合学生特点。不同学生，他们接受知识的能力往往会有很大的差异。教师进行"任务"设计时，要从学生实际出发，充分考虑学生的文化知识水平、认知能力、年龄、兴趣等特点，做到因材施教。第三，"任务"设计要注意分散重点、难点。掌握知识和技能是一个逐步积累的过程，"任务"设计时要考虑"任务"的大小、知识点的含量、前后的联系等多方面的因素。第四，以"布置任务"的方式引入有关概念，展开教学内容。

2. 教师必须进行角色转换

"任务驱动"教学法已经形成了"以任务为主线、教师为主导、学生为主体"的基本特征，因此教师必须进行角色转换。角色转换有两层含义：一是从讲授、灌输转变为组织、引导，二是从教师站在讲台上讲解转变为走到学生中间与学生交流、讨论并共同学习。

任务驱动教学模式要求教师必须明确自己的角色，认识到学生不是靠教师的灌输被动接受知识的，而是在教师的指导下，由学生主动建构知识体系。在整个教学过程中，教师不是可有可无、无事可做，而是比传统教学中的作用更加重要、更加不可缺少。因此，不能认为只有站在讲台上讲课才是教师的本分。在任务驱动教学模式中，教师要充分了解学生。在学生学习中遇到困难时，教师应该为学生搭起支架；在学生学习不够主动时，给学生提问题，引导学生去探究；在学生完成基本任务后，调动学生的创作欲望，进一步完善任务创作；在任务完成后及时做好评价工作。

四、自主展示

传统的讲授式课堂环节已经不能适应社会和学生的发展，我们需要充分展现学生学习的主体性、主动性，学生是课堂学习的主人。自主展示就是学生在自主学习的基础上将自主学习和合作交流的成果予以合理的呈现，它是乐群学堂教学的重要环节也是目标之一。教师在其中主要发挥引导作用，突出学生的"学"而不是教师的"教"，课堂不再以教师为中心，教师只是站在学生的身后，在需要时给予帮助和指导。

在乐群课堂中，学生进行深入探究后，各小组将按照议题的序号进行分享交流，有的采用集体汇报的方式，有的选择随机抽点的方式。一个小组分享完后，其他小组将从学习效果、汇报形式、参与态度等方面对该学习"群落"进行"1+1"的评价，最后达到共同提升、全面提升的目的。待所有小组汇报结束后，将由学生和教师对相关知识点进行整合、梳理，对汇报"群落"进行综合评分。

例如，教学《西门豹治邺》时，针对议题"在众多臣子中，魏王为什么派西门豹去管理邺这个地方？"，第7组采用了集体汇报的方式，分享如下：

学生1：西门豹能够用迷信破除迷信，可见西门豹智慧非凡，所以魏王要重用西门豹。

学生2：西门豹将计就计，惩治了巫婆和官绅，很聪明。

学生3：而且西门豹爱民如子，没有见利忘义。

学生4：西门豹没有和巫婆官绅勾结起来骗取老百姓的钱财，而是带领大家开渠引水，获得了大丰收。

学生5：西门豹面对官绅和巫婆，一点也不害怕，说明他很勇敢。

学生6：我们组汇报完毕，谢谢大家！

师：听了他们小组的汇报，谁有补充？

学生7：我有补充。我认为西门豹还很认真谦虚，因为他已经是邺的大官了，他来到这个地方并没有想当然地治理邺这个地方，而是先观察，然后再问老大爷情况，了解清楚情况才对症下药，所以我认为他很认真谦虚。

师：同意他的看法吗？

生（齐）：同意。

师：还有不同见解吗？

（无人举手，学生面面相觑。）

师：同学们的上述观点老师都同意，此外，这个故事发生在两千多年前，人们普遍相信鬼神的存在，西门豹治邺不求神拜佛，而是带领大家开渠引水，从这里，我感受到他身上还有一种可贵品质——

生（异口同声）：尊重科学！

师：同学们真棒！根据第7组刚才的表现，你们认为他们能获得三星吗？

学生9：我认为不能，因为他们的汇报虽然声音洪亮，但是不够全面，还遗漏了两点。

学生10：我也认为不能，因为他们在汇报时，主要是5个同学在陈述理由，学生6只说了一句"我们组汇报完毕，谢谢大家！"，这样分工不公平，我们都不知道学生6究竟学会了没有。

师：第7小组接受同学们的意见吗？

生（第7组）：接受。

最后第7小组获得了两颗星。

短暂的汇报评价结束了，但如何改进小组的学习和分工，相信这个大大的"问号"，将引发更多学生的反思。课堂上，教师是山，学生是水，只有山和水相互映衬，才是如画风景。

学生在自主展示环节，增强了自信，获得了学习的成就感，综合能力也得到了迅速提升。

五、成果初显

潜心钻研的两年，过程辛苦且快乐。洒下了汗水最终也见得花开，乐群教育在锦城小学深深地扎下了根，静待满园桃李。

2015年12月4日，学校教导处江凌主任、康涛霞老师、刘青霞老师和查水莲老师在成都市教研员罗良建的带领下赴江西南昌参加了"全国加强小学语文优秀传统文化教育暨全国第12届北师大版小学语文教学研讨会"。在会上，江凌老师和康涛霞老师做了汇报，题为"基于学生核心素养的小学语文'乐群课堂'"，提出"乐群课堂"即学生"自学—共学—享学"的学习方式以及教师"先学—让学—助学"的教学策略的运用，它具有"均衡性、选择性和实践性"的特点，得到了与会专家和教师的一致好评。

2016年11月25日，在成都市教育科学研究院的关怀指导下，锦城小学举办了成都市小学语文"乐群课堂"现场研讨会。会上，江凌主任开展"乐群课堂"模式的示范课并做了"乐群课堂"的研究汇报，来自成都各区县的专家和一线教师们齐聚一堂，大家共同研讨并充分肯定了乐群学堂的教学研究，掀起了一股乐群学堂的小风潮。

除了现场研讨，以老师们的研究为出发点，锦城小学语文组在2015年12月召开课题确定研讨会，经过两个月的方案确定和初稿撰写，2016年4月，锦城小学的"小学语文乐群课堂实践研究"课题成功开题，一切皆呈欣欣向荣之势，乐群教育的先锋——语文乐群学堂，大步向前走去。

第二节 纵深，全科齐开花

一、课题为路径，促研究

2015年，语文教研组根据前期研究成果成功申报了区级课题"小学语文乐群课堂实践研究"。该课题主要解决了三个问题，首先是语文课堂重能力轻品格的问题。在传统应试的影响下，教师在课堂上往往开展学科本位的教学，侧重学生语文知识与能力的获得，对学生良好品德的培养较为欠缺，在语文教学中，学科教学与人的发展的关系问题没有得到很好的解决。其次是语文课堂重认知轻实践的问题。在以往的语文课堂教学中，由于只重视语文知识教学，培养出来的学生员擅长应试，但语言运用能力较差，口语表达能力较低，写作能力较欠缺。这种语文教学模式是语文教育生命力和鲜活力的桎梏，忽视了学生差异，抹杀了学生的个性，导致人才培养的僵化，从而造成了学生高分低能的现象。最后是语文课堂重统一轻差异的问题。在以往的语文课堂教学中，教师有意识地把学习的主动权还给学生，但是，教师掌控整个学习过程的痕迹还是很明显。从制订学习目标到确定学习内容，从议定合作形式到展示合作效果，学生皆处于较被动的地位。全班学生在教师统一的标准和要求下学习，其主观能动性较难发挥，个性较难展示，学习兴奋点较难达到，教学效率难以最大化。

我们认为，课堂不仅是传授知识的场所，更是能力与品格形成的重要阵地。在这一轮课题实践中，我们大胆尝试，推陈出新，以学生为本，真正摒弃传统教学模式的弊病，将课堂还给学生，以学生终身发展的核心素养为课程目标，创建架构有效的语文乐群课堂教学范式，经过三年的扎实研究与实践，在乐群课堂的这片沃土上，我们收获了些许成果。

（一）认识性成果

1. 明确了乐群课堂核心概念

"乐群课堂"是以培养有"乐群"品质的学生为目标，"乐群"品质即乐于学习、善于沟通、勇于创新和敢于担当，以"群"学习为主要方式的一种语文课堂范式。乐群课堂追寻学生在课堂上呈现多元共生、其乐融融的发展样态。事实上，"乐群"既是课堂教学的目标又是实现目标的途径。

2. 形成了乐群课堂的三大基本主张

乐群课堂是尊重学生乐于学习的天性，发展其社会属性的课堂；乐群课堂是在和谐温暖的环境下进行的课堂；乐群课堂是渗透学科思想的课堂。

3. 丰富了乐群课堂的内涵

（1）"乐群"既是语文课堂的目标，又是实现目标的途径

良好的团队合作意识和协作能力在当今社会尤为重要，一个人的沟通交流能力决定他社会活动的维度，而我们的课堂作为教育实现的基本途径，应有意识地培养学生的沟通交往能力。语文作为一种工具性学科，语言的运用能力训练是语文课堂的重要部分，而"乐群"就是语文课堂之所需，我们的语文课堂应该培养"乐群"的学生，促进学生在群体交流中形成良好的人际关系，学会与他人沟通协作。

语文课堂要摆脱传统的"填鸭式""一言堂"的教学方式，就必须真正将课堂还给学生，给学生充分的自主学习的时间和空间，以激发学生的学习兴趣，最大限度地发挥其主观能动性，而群体性学习正是实现此目标的主要途径之一。在同龄人心理、兴趣的基础上，更容易在交流沟通中达成共识，在有限的时间内生成更多的观点和思维方式，比单一的教师引导有效得多。因此，"乐群"也是实现语文课堂目标的途径。

（2）以"乐"为生长点，促进"群"形式的学习

小学生的快乐比较单纯，一句夸奖、一朵小红花、一次无意的发现都可能让学生快乐积极起来。乐是一种和谐的师生关系和群体关系，也是一种动力，促进学生发挥自主性学习的动力，具有激励作用。因此，语文

"乐群"课堂以"乐"为激发点，促进学生对语文学习产生兴趣。首先，列出具体任务，给学生提供充分时间，完成独立思考，让学生享受思索的乐趣，充裕的时间可以让学生相对放松，不会像教师问答那么紧张。在相对放松环境中，学生更容易产生愉悦感。其次，相对自由的空间位置允许学生在讨论时根据自己的喜好在教室里选择空间位置，或坐或站，身体的自由让学生的思想也少了限制。再次，学生可以根据自己的能力和思考，选择自己喜欢的任务，还可以自由选择合作的小伙伴，跟自己喜欢的小朋友合作，学生内心的愉悦感也会随之增强。最后，每个学生都有汇报的机会和展现的舞台，这在一定程度上能够刺激学生的表现欲望。以上课堂环节安排使学生的积极性受到激发，语文课堂少了许多的限制，这样的课堂更让学生快乐，会刺激学生交流分享的需求，为"群"的学习形式提供了心理保证。

通过"乐群"课堂，我们要创造出快乐和谐的课堂氛围，培养出乐于学习、乐于分享、乐于沟通、乐于担当的学生，尤其强调学生交流沟通能力的培养，让学生善于交流合作，善于在"群"中获得成长。

（3）以"群"形式为主要学习模式，促进"乐"的感受

"群"形式的学习模式，是一种集体学习的概念，在以往的课堂学习中，都以班级为单位进行集体学习，但是这种班级只能是作为制约学生课堂行为的一种"静态的集体背景"，在课堂中学生与学生之间根本无法沟通和相互帮助，所有的交流几乎都在教师与学生个体之间进行。而"乐群"课堂是一种帮助学生学习的"动态集体力量"，我们将每个学习"群"的总人数限制在六人左右。这样的组织方式更有利于学生的有效沟通，因为课堂时间是有限的，较少的人数可以保证小组成员在讨论中的参与度，让每一个学生得到训练和提高。在小组汇报时，每一个学生均要参与汇报，全面、深度的参与和展示让学生在交流汇报中得到锻炼与进步，建立自信心、成就感和集体荣誉感，让学生更深切感受到学习之"乐"、合作之"乐"、交流之"乐"、分享之"乐"。

4. 确立了乐群课堂"三性"的价值取向

（1）均衡性

《义务教育学校管理标准》提出了义务教育学校管理的六大职责，其中第一项管理职责"保障学生平等权益"。在"乐群课堂"模式下，就学生个体的发展而言，不仅关注知识的习得，还要关注品行的养成。就学生

整体而言，保证每个学生在课堂上享有"三个一"：有一次自学建构的机会，有一次组内合作交流的机会，有一次全班展示分享的机会，为每一个学生提供均衡的机会和平台，促进全体学生的成长。

（2）选择性

《义务教育学校管理标准》提出了义务教育学校管理的 22 项任务，其中包括"满足需要关注学生需求"。"乐群课堂"让学生真正拥有选择的权利，即选择合作伙伴、选择学习内容、选择学习方式、选择汇报形式，真正做到"依足制鞋"，而不是"削足适履"，让学生因选择而产生责任感，学会担当。

（3）实践性

学习即实践。学习实践、交往实践贯穿"乐群课堂"始终，让学生从独立的实践中去主动探索和学习，去发现并解决问题，获得更多属于学生自己的独特细腻的感受，在实践中求真知。

5. 构建了乐群课堂的学生品质

乐群课堂构建以"群落"为主要形式，以"任务驱动"为主要手段的"乐群课堂"，彰显乐群课堂的均衡性、选择性和实践性等特点，培养学生"乐于学习""善于沟通""勇于担当""敢于创新"的"乐群"品质，实现学生在群体的交往中形成良好人际关系的"乐群"境界。

（1）乐于学习

学生是学习和发展的主体。语文课程必须根据学生身心发展和语文学习的特点，关注学生的个体差异和不同的学习需求，保护学生的好奇心、求知欲，充分激发学生的主动意识和进取精神，在语文乐群课堂教学中，培养具有乐于学习的新时代小学生，才能更好地走进社会，获得终身发展的能力。乐于学习，即乐于掌握认识（即"知"）的工具，掌握终身不断学习的工具（包括演绎、归纳、分析、组织知识的工具），乐于主动收集信息、处理信息、选择信息、管理信息，同时学会掌握知识应用于实践的方法。因此，"授之以鱼，不如授之以渔"，学会求知的方法远胜于求得知识本身。乐于学习，还要有强烈的学习动机，有探求未知的热情，有实事求是的科学态度，有科学的人文精神以及举一反三的科学方法。总之，乐于学习就是要使自己成为"终生的科学之友"。

（2）善于沟通

人际间的沟通、交流与合作，使自己能有意识地调节自己的行为，满足自己的交往心理需求，有助于引导自己正确认识人际关系的重要性，有意识地调整自己的沟通行为，最终形成良好的人际关系。语文新课程标准积极倡导合作的学习方式，要求语文学习"应强调合作精神，注意培养学生策划、组织、协调和实施的能力"，在合作的学习方式中，学生要积极主动地参与活动，参与集体讨论，倾听别人的意见，表达自己的想法。这样不仅可取长补短、集思广益、思维共享，还加强了学生之间的沟通与交流，增进了学生之间的友谊和情感，培养了学生团结协作的精神。在遇到难题时大家共同来解决，做到互帮互助、默契相处，这种合作的学习方式对学生的成长和未来发展的影响是深远的，可以说是他们人生中一笔重要的财富。学会倾听，学会分享，学会合作，学会沟通，才能拥有亲和力，具备组织协调能力，在未来的工作、学习和生活中才能更好地生存和发展。

（3）勇于担当

担当的品质不是与生俱来的，它需要教师潜移默化地熏陶和感染，小到同桌、小组合作、班集体，大到社会、国家。担当是一种表现，一种接受与责任的彰显；担当是一种勇气，一种豪迈；担当是一种人格，一种精神与思想的跨越。担当精神是我们时代先进性和纯洁性的重要体现，是国家和社会得以发展的动力和前提。一个人只有具有担当精神，才能拥有为集体、为社会做贡献的动力、信心和勇气，因此担当是学生人格品质的重要组成部分。在乐群课堂中如何培养学生的担当品质？我们认为在小组合作学习的过程中可以找到答案。在选择小组合作学习的过程中，每个学生都有一定的汇报任务，在这个过程中，只有小组中的每个人都勇于承担自己的任务，整个小组才能收到较好的汇报效果，这样担当品质就悄无声息地在学生心中发芽了。

（4）敢于创新

创新是一个民族进步的灵魂，是国家兴旺发达的不竭动力。一个没有创新能力的民族，难以屹立于世界民族之林。培养学生的创新意识、创新精神和创新能力，使其成为创造型的优秀人才，是时代和社会对新时期教育工作提出的高要求，是满足知识经济时代对高素质人才需求的重要途径和有效措施，也是我们教学改革发展的方向。因此，必须把培养学生的创新精神和能力放到突出的位置上并予以高度重视。学生是学习和发展的主体。语文课程必须根据学生身心发展和语文学习的特点，关注学生的个体差异和不同的学习需求，保护学生的好奇心、求知欲，充分激发学生的主动意识和进取精神。

（二）操作性成果

1. 形成"自学""共学""享学"学习方式

（1）"自学"

没有充分独立的思考，就没有平等有效的交流。在自学过程中，学生以议题为导向，通过研读文本，分别与文本、作者和自己对话，用自己喜欢的方式进行勾画、批注，及时将自己的所思所得记录下来，在已有知识经验和学习内容之间建立联系，初步形成具有个体特色的认知观点，为"共学"做好准备。

（2）"共学"

没有和谐平等的对话，就没有灵动高效的生成。在学生自学的基础上，"乐群课堂"让选择相同议题的学生自由组合，形成六人以内的小"群落"，进行20分钟的合作共学。学生在相对放松的环境中，或两人一组，或三四成群，或坐或站，对自己喜欢的议题进行讨论交流，补充完善。自由带来的不是散漫，而是专注。学生间的组合方式随着议题的变化而变化，提倡其自主性、灵活性，让学生个体在与不同的"群落"成员合作的过程中，形成多元交流影响，学会改变和适应。共学的最大特点就是"自由"。

（3）"享学"

"享学"就是分享学习成果，享受学习成就。"乐群课堂"提倡在每一篇课文的学习中，保证每个学生都有一次自学建构的机会，有一次组内合作交流的机会，有一次全班展示分享的机会。一组分享完后，听众将从学习效果、汇报形式、参与态度等方面对该学习"群落"进行"1+1"的评价，最后共同提升、全面提升。等待所有人组汇报结束后，将由学生和教师对他们进行综合评分。在"享学"中，学生在分享成果和展示自我的过程中，自我效能感不断增强，个人价值得到体现，深深爱上语文"乐群课堂"。

2. 形成了"先学""让学""助学"教师教学策略

（1）"先学"

教师"先学"学情和教材，做到心中有经纬，以便在后面的"让学"

和"助学"中有的放矢。在"乐群课堂"中，教师从学情和教材出发，设置有梯度的议题。议题的确定把握三个原则：一是生本化，让每个学生都能找到适合自己的"水晶鞋"；二是分层化，议题的设置对查找与回忆能力、理解与分析能力、评价与反思能力都要有所兼顾；三是开放化，灵活的议题促进学生思维多向性发散，要有"一石激起千层浪"的效果。

（2）"让学"

"乐群课堂"中的"让学"主要表现在三个方面。让时间，即每篇课文给学生5分钟自学的时间，20分钟共学的时间，让学生充分与文本对话，与同伴深入交流。让空间，即每次共学时，学生可以在教室里自由选择空间位置，以比较放松的身心投入自由而有序的共学。让选择，即因学生的兴趣爱好、已知未知不同，我们允其"选择学习任务"；因学生的知识能力、情感志趣不同，我们允其"选择学习伙伴"。

（3）"助学"

在"乐群课堂"中的助学首先体现为教师在学科上的助，即学生学而不达时引导，学生学有所获时小结，学生出彩创新时升华。其次，教师在育人上的助，即保证每一个学生都有展示分享的机会。引导汇报者和倾听者之间的相互尊重，引导学生评价具有针对性。随着实践的累积，学生会慢慢明白，尊重他人是建立在倾听的基础之上，帮助他人也是提升自己的一种方式，"求同存异"能将不同观点的作用发挥至最大。

随着语文改革的深入推广和实施，我们欣喜地发现，学生发生了翻天覆地的变化，会主动地参与课堂，主动承担学习任务，不仅学习的自觉性和主动性得到了增强，参与语文学习的兴趣也得以激发。同时语文教师们也转变了观念，紧跟时代，激活了教师群体的教学智慧，提高了每位教师课堂策略的构建能力。

二、语数同推进，共实践

（一）前期调研：我心中的乐群课堂

2017年，我们开始把语文学科的经验推广到数学学科，推动"乐群课堂"的深化，推进不同学科"乐群课堂"的模式架构实践研究。

前期，我们开展了大量的问卷调查，多次在全校教师大会上召开"乐群课堂"研讨会，并进行了"我心中的乐群课堂"大讨论。全校教师各抒己见、集思广益、智慧交融，形成了很多有价值的观点。同时，各科教研组长在此基础上提炼总结，形成了各教研组"乐群课堂"推广方案，并在教师会上宣讲布置。各教研组根据制订的方案，进行了组内理论学习、经验交流、课堂研讨等富有成效的研讨活动，让教师在实践中思考，在思考中前行。

当教师对乐群课堂有了深刻的认知后，我们以年龄段为单位，开展了多轮次的"乐群课堂"团队赛课。每次活动全员参与，各年级50％的教师献课，50％的教师专题发言，每位教师都参与集体赛课，全程体现了"共建共研，合力同辉"的研讨思想。从赛课中，看到了我校教师教学观念的转变，紧跟新课改步伐，教学目标全面、准确。容量安排适中，教材处理科学，以学定教，教学方法灵活多样。学生能够主动地参与学习活动。师生关系平等和谐，注重与学生平等、真诚地交流，极大地调动了学生学习的积极性。同时，赛课活动也为"乐群课堂"在各学科的深入发展进行了积极的探索尝试。

（二）巨大变革：从课堂到学堂

2018年，李雪梅校长提出"儿童是教育的唯一中心"的教育思想，提出将"乐群课堂"变为"乐群学堂"。一切以学生为主，教师和学生的角色发生了变化，教师的角色转化为学习活动的设计者和学生学习的服务者，学生的学习方式变化为自主合作探究学习，形成了生本互动（独学）、生生互动（合学）、师生互动（共学）、内外联动（拓学）的教学过程。

把课堂变学堂更重要的意义是改变了师生的相处方式，改变了师生的思想内质，改变了师生看待问题、解决问题的方式方法，让学生成为学习的主人，成为学校的主人。从课堂到学堂的转变，难在教学意识的转变，难在教师敢于接受学生挑战的勇气。

（三）数学课题：纵深发展

自主、合作、探究的学习方式在课程改革中深入人心，我们立足教学中的现实问题，坚持立德树人，以培养全面发展的人为终极目标，深入而全面地开展课堂研究。2019年，数学组申报武侯区区级课题"小学数学乐群学堂实践研究"。

1. 本课题解决了四个问题

（1）实现了快乐学习由表及里的转变

新课改背景下，课堂发生了翻天覆地的变化，课堂改革促使教师重视学生学习过程中愉悦的情感体验，浅层次的表扬以及频率过高的奖励，显现出教师在课堂上更注重学生外显性的愉悦感受，缺乏对隐性情感体验的关注，如成就感、效能感、认同感等，已造成学生对学习的原生动力不足等问题。

（2）实现了合作学习由虚到实的转变

合作学习是目前课堂上常见的学习形式之一，教师都很重视在课堂上把学生分成若干个小组进而开展合作学习，但很多时候小组合作学习往往停留在表面的热闹形式上，显现出合作的功能单一，局限于答案的获得，方法积累不足、合作目标不明确等问题。只是为合作而合作，对重难点的指向不明确；合作的类型比较单一，多是四人小组合作；对不同学段学生的身心特点和学习内容的特点缺乏针对性。

（3）实现了思辨训练由浅入深的转变

思辨能力是小学阶段一种重要的学习能力，它关乎学生思维的深度和广度。但在小学课堂中，教师往往更加注重培养学生选择、判断、借鉴等低阶思辨能力，对分析、梳理、整合高阶思辨能力的关注较少，这不利于学生深层次思辨能力的训练。

（4）实现了教学变革从点到面的转变

课堂教学是一个有机整体，包含目标、内容、方式、评价四个要素。在新课改的浪潮中，研究者们往往注重教学方式、策略的变革或课程内容的建构，呈现出对课堂教学的单一性研究，分别对各要素展开较深入的研究，但缺乏对四要素的整体建构。事实上，只有对四要素进行整体研究，才能实现课堂教学的一体化和高效率。

2. 认识性成果

（1）乐群教育的概念界定

2018年，结合中小学生核心素养，秉持学校"儿童是教育的唯一中心"的教育思想，变"课堂"为"学堂"，对"乐群教育"的内涵加以完善，明确提出乐群教育是尊重生命个体多样性，充分发挥集群优势，以愉悦的学习氛围为基础，以合作的学习方式为载体，实现生命个体与群体共同发展的教育。乐，乐观、乐和、乐享；群，群学、群思、群长。"优美和乐·共同协作"是乐群教育的精神。

（2）数学乐群学堂的概念界定

所谓数学"乐群学堂"，是指以乐群教育理念为导向，数学国家学科课程为主干，学科课堂学习为基础，形成以"群"为主要特征的课堂一体化实践模式。

一切以学生为主，变"课堂"为"学堂"。教师和学生的角色发生了变化。教师的角色转型为学习活动的设计者和学生有效学习的服务者。学生的学习方式变化为自主合作探究学习，教学过程成了生本互动（独学）、生生互动（合学）、师生互动（共学）、内外联动（拓学）的过程。

（3）数学乐群学堂的基本内涵

数学乐群学堂的基本内涵可以从三个维度加以界定。

其一，思想主张：倡导"乐于群，群中乐，成于乐"。

其二，实践特质：以"学科＋"为内容基本样态，以"四环节"为形式基本样态，构建主动参与、协作建构、深度互动、成功体验的课堂。

其三，发展样态：课堂彰显"悦身心""会合作""善思辨"的特征，其乐融融，多元共生。

总之，数学乐群学堂是主动参与与协作共建的学堂，是情感交融与思维碰撞的学堂，是分享成果与体验成功的学堂。

（4）数学乐群学堂的课堂特征

①营造"悦身心"的学习氛围，体现在课堂有"笑声"，课堂有"掌声"，课堂有"辩论声"

数学"乐群学堂"不仅关注学生的学习，更关注学生身心的愉悦。在愉悦的实践氛围中，关注学生情绪的调节，促进学生快乐、有品质的成长。营造"悦身心"的学习氛围主要体现在三个方面：首先课堂有"笑声"，即课堂趣味盎然，教师通过幽默的语言、精巧的设计、鼓励的评价，让学生眼神有笑意、脸庞有笑容、课堂有笑声；其次课堂有"掌声"，既有肯定鼓励同学的掌声，又有学生学有所获时由内而外的掌声；最后课堂有"辩论声"，在平等民主、自由宽松的学习环境里，开阔思维，放飞思想，有辩论之声。

②培养"会合作"的交往能力，体现在让课堂丰实（生成多元），让课堂充实（效率提高），让课堂扎实（思考深入）

合作就是个体之间协作共商，就某方面达成共识并致力完成某活动。合作的精神不仅包括分工与合作，还体现为接纳、尊重及团结友爱的精神。会合作是时代赋予我们的使命。会合作的学生更具有责任感、使命感和担当感。数学"乐群学堂"即是以"群落"的形式，组织学生进行交流沟通，通过合作，让课堂丰实（生成多元），让课堂充实（效率提高），让课堂扎实（思考深入）。

③训练"善思辨"的思维品质，体现在关注思维方式的培养，关注课堂的开放程度，关注知识建构的立体全面

所谓思辨，是指思考辨析的能力。它强调的是经过自己认真地分析和论证，运用恰当的评价标准进行思考，挑出自己认为重要或正确的东西，最终作出有理据的判断。数学"乐群学堂"的"善思辨"特别强调三个关注：关注思维方式的培养，即在课堂上根据不同课型、不同内容，灵活选择学生思维培养方式，以归纳推理为主，演绎推理为辅；关注课堂的开放程度，包括教师心态的开放（从教师带着教材走向学生，变为学生带着教材走向教师），问题的开放（从教师设置问题，变为学生提出问题），内容的开放（从就教材教教材，变为以教材为基点不断连接融合其他要素，进而丰富学习内容）；关注知识建构的立体全面，即组织学生在学习活动中，从知识的共同性、差异性、相似性三位一体完成知识建构，实现学习迁移。数学乐群学堂并不只是传授知识的阵地，更是凸显学生主体性和思维火花碰撞的摇篮，学生可以活跃思维、升级智慧。

3. 实践性成果（请参看本书第四章）

三、研究有成果，重推广

（一）学生方面

在课题研究成果的实践及推广过程中，教学活动悄无声息地发生着变化，尤其在学生的"学"方面。学生主动参与课堂，选择自己的学习伙伴，主动承担学习任务，其学习自觉性和主动性皆得以增强，参与学习的兴趣也变得浓厚。我校根据"乐群品质"低、中、高段的评价细化表，编制出不同年段的调查问卷。"悦身心"从悦人、悦己两方面细化设计，"会合作"从自信、自如、自主三方面细化设计，"善思辨"从思维的广度、深度、活度三方面细化设计。学校每学年对全校学生进行问卷调查，从统

计数据可以看出学生"悦身心、会合作、善思辨"乐群品质达成度逐年提升，效果一年比一年显著（见图2-5、2-6、2-7）。

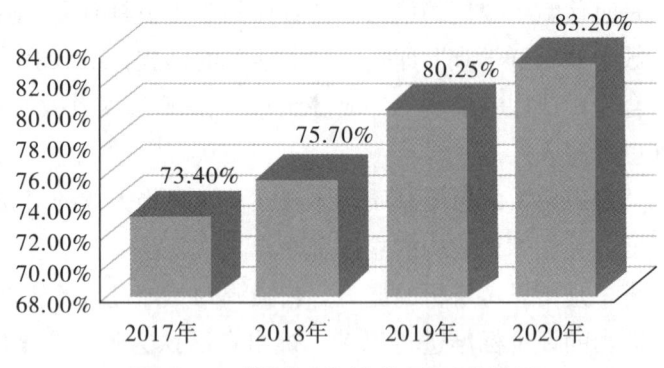

图2-5 "悦身心"达成度调查统计图

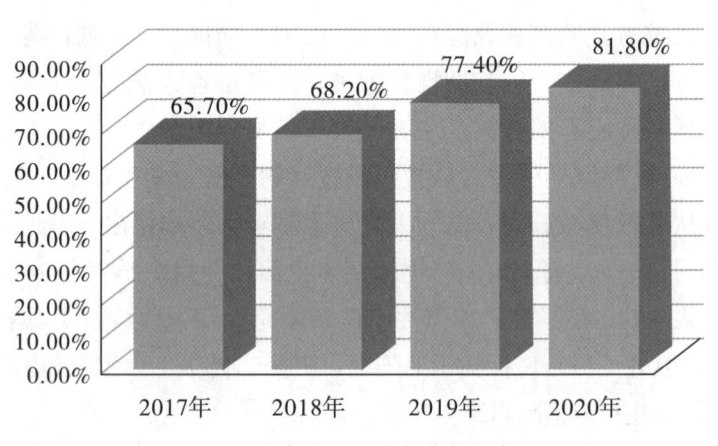

图2-6 "会合作"达成度调查统计图

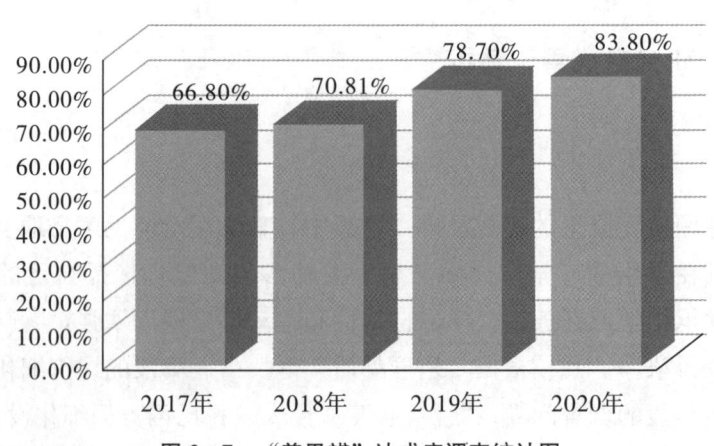

图2-7 "善思辨"达成度调查统计图

（二）教师方面

1. 参与研究的主动性强，积极性高，覆盖面广

该研究的实施和推广，使学校教师转变观念，紧跟时代，主动调整自己的教学观念，不断学习，积极探索，提高了理论研究水平和探索实践能力。通过多年的探索实践，教师参与"乐群学堂"实践的人数逐年增加，目前已覆盖全校所有教师（见图2-8）。

图2-8 "乐群学堂"参与教师统计图

2. 教育智慧不断生成，彰显各学科"乐群学堂"特色

"乐群学堂"的研究通过交流对话、课题研讨、问题研究解决等形式，激活了教师群体的教学智慧，提高了每位教师课堂策略的构建能力。我校教师将乐群学堂的教学策略、方法和评价等依次灵活运用于语文、数学、英语、艺体综合等全学科，彰显了学科特色，获得各界教育同仁的高度评价和赞同（如图2-9所示）。

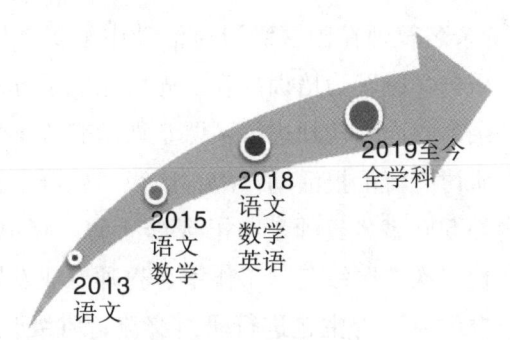

图2-9 "乐群学堂"学科实施与特色呈现统计图

3. 研究取得了丰硕的成果，促进了全校教师的专业发展

自2013年以来，我校教师有30余人次在省、市、区级赛课中获一等奖，有50余人次在省、市、区级活动中进行了"乐群学堂"的献课或交流，有130余人次的"乐群学堂"相关论文在国家级、省、市、区级论文评选中获一、二、三等奖，有20余人次的相关论文在国家级、省级报刊上发表。

我们发现，随着"乐群学堂"研究的深入，学校教师关于"乐群学堂"的论文获奖、发表或交流逐年增加，呈加速上升趋势。可见，学校教师已深耕在"乐群学堂"实践与研究的沃土上，大大促进了自身专业发展（如图2-10所示）。

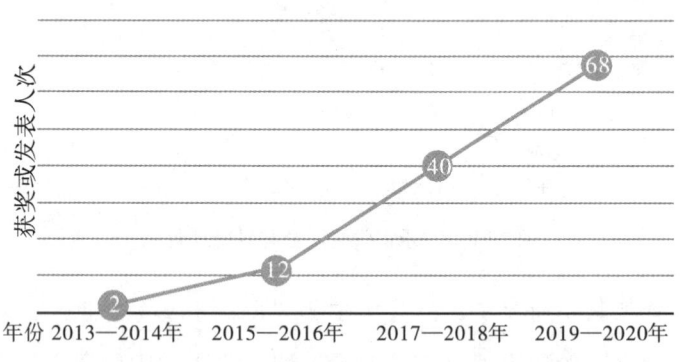

图2-10 教师"乐群学堂"论文获奖或发表人次统计图

（三）学校方面

1. 研讨交流，扩大学校影响力

学校先后有20余名教师在国家级研讨活动中汇报"乐群学堂"的实践成果；学校以"乐群学堂"为培训内容，先后完成了五次四川省的"国培"任务，对200余名省内外教师进行了课堂展示交流；学校开展了2次市级"乐群学堂"研讨交流汇报活动，两次区级"乐群学堂"研讨交流汇报活动，市、区内外500多名教师参与了现场活动，有1000多名教师在线上观看活动；学校多次在区级名师工作室、教师专业发展基地以及区级教材分析中以"乐群学堂"为主题进行研讨交流；省级刊物《成都教育》《四川教育》对我校"乐群学堂"的相关研究成果进行了专刊报道，在省内外产生了较大的影响。

2. 课题引领，打造学校品牌

学校教师深耕"乐群学堂"实践探索，先后申报了两项区级课题，均已成功结题；成功立项市级课题一项，有若干项子课题同时开展研究。课题研究取得了丰硕的成果，有九项研究成果分别在市、区级小课题评选中获一、二等奖，在市、区内外具有一定的辐射引领作用。

3. 课程建构，彰显学校特色

在"乐群学堂"实践体系的探索建构下，形成了具有学科特色的"乐群语文""智趣数学""创意美术""乐享英语""悦动体育"等系统课程，并进行了学科特色课程群建设，这些课程建设成果来自实践，回归课堂，贯穿始终，在区内外具有一定的专业引领作用。

总之，在近九年的探索实践中，"乐群学堂"的研究取得了不错的成绩，有力地推动了学校"乐群学堂"实践体系的建构，获得社会高度赞誉，在省内外具有较强的引领示范作用和社会影响力。

在"乐群学堂"的研究之路上，我们一路高歌，且思且行……

第三章 "乐群教育"之"智美语文"

第一节 "智美语文"概述

一、什么是"智美语文"

（一）语文是美的

语文遵循"以美启智，智美融合"的思想内涵，引导学生在语言文字世界里，积极主动地思考与探索，加深对文本的理解和体验，从中获得思想启迪，真正领略并享受语文之美。

（二）"智美语文"

智，是智力、智慧、智能。语文知识的理解、方法的提炼、思想的感悟、思维的提升无不是"智"的体现。语文课程最重要的就是提升对语言文字的思维能力，感悟到语言思辨方法，进而发展智力，开启智慧，提高智能。

美，语文是美的，因为它以语言为学习载体，以思维促多元发展，以文化承民族精神。语言之美，美在汉字。汉字是世界上最古老的文字之一，是世界上最美的文字符号。它以字、词、句逐层建构发展而又相互限制，极大地扩充了语言内涵。思维之美，美在多元发展，学生从文字到情感学习的不断提高，激发潜能，最后促进全面发展。文化之美，美在传承民族精神。中华文化博大精深，在语文学习活动中多途径地了解优秀传统文化，传承民族精神，形成文化认同感。

- "智美语文"：审美

中国传统文化，绵延上下五千年，是民族之根，蕴含着独属于中华民族的精神，是民族凝聚力的纽带，也是民族可持续发展的动力。审美能力培养的目标主要包括在学习、理解、运用人文领域知识和技能方面所形成的基本能力、情感态度和价值取向，具体包括人文积淀、人文情怀和审美情趣等。

- "智美语文"：思辨

发展学生的思维能力对于开发智力、提高语文教学质量有着十分重要的意义。"智美语文"强调学生在学习中勤于反思，培养对自己的学习状态进行审视的意识和习惯，善于总结经验，能够根据不同情况和自身实际，选择或调整学习策略和方法，具有积极的心态。

- "智美语文"：创新

"智美语文"强调学生创新能力的培养，采用多种形式营造生动活泼、主动探索、宽松和谐的民主氛围，充分发挥学生的主动性和创造性，激发学生的创新意识，让学生在丰富多彩的语文实践过程中获取知识、提高能力。

二、"智美语文"内容体系

针对传统课堂学习内容单薄，就教材教教材的问题，"智美语文"在"互联网＋"的启发下，通过学科之间的横向联系，以国家基础课程为主导，以"语文＋"为模式对学习内容进行连接和融合，打通学科间壁垒、整合社会生活、运用信息技术，开发出"语文＋主题""语文＋生活""语文＋技术""语文＋天府文化"等校本化课程或体验拓展课程，丰富课堂学习内容（如表3－1所示）。

表3－1　"智美语文"内容体系

年级	"语文＋"		
	"语文＋主题"	"语文＋生活"	"语文＋天府文化"
一年级	十二生肖	儿歌串烧	成都童谣
二年级	花草世界	我是纠错小能手	成都民歌
三年级	成都特产	对对联	美食文化
四年级	祖国山河	广告小达人	市井文化
五年级	水的世界	民间艺术	古镇文化

续表

年级	"语文+"		
	"语文+主题"	"语文+生活"	"语文+天府文化"
六年级	探寻古迹	民风民俗	博物馆文化

(1)"语文+主题"

从语文学科的综合实践活动中提炼挖掘，创造性地开设了语文乐群学堂主题教学活动，以语文教材为基础，是国家语文学科课程的延伸和拓展，是打破学科间壁垒、深度进行跨学科融合的尝试。语文乐群主题活动在"我爱大自然"的主题下，各年级又细分为小主题。其中，一年级以十二生肖为主题，二年级以花草世界为主题，三年级以成都特产为主题，四年级以祖国山河为主题，五年级以水的世界为主题，六年级以探寻古迹为主题。

(2)"语文+生活"

语文是综合性实践学科，源于生活，同时服务于生活。"语文+生活"是以语文教材为基点，连接社会生活，丰富学习内容的方式。例如学习了苏轼的古诗《题西林壁》《饮湖上初晴后雨》，以此为出发点，组织高年级学生进行了眉山三苏祠的研学活动，通过观赏学习三苏父子的大量手迹、各种印版和拓版的诗文字画等文物和文献，深入了解苏轼其人，并通过课堂再现学生的收获和思考。低年级学习《植物妈妈有办法》之后，同样以教材为基点，组织低年级学生进行了成都江家菜地的研学活动，通过亲自寻找与玩耍，认识苍耳，拉近书本与生活的距离。

(3)"语文+天府文化"

文化是一座城市的独特印记，是一座城市的根与魂，是城市人民宝贵的精神财富，在人类浩如烟海的城市文明发展史中，成都以其两千多年来"城名未改、城址未变、中心未移"而与众不同。因此，成都城市文化成了成都学生语文学习最宝贵的资源。我们以教材为基点，以不同年级学生的心理和认知水平为基础，开发出童谣、市井、古镇、博物馆等天府文化课程，增强学生的综合实践能力。

(4)"语文+技术"

利用多媒体技术辅助语文课堂教学，从互动式交互学习到苏格拉底系统的使用，实现了对学生的学习情况进行大数据分析，通过苏格拉底视频切片、人工智能打分对语文课堂进行诊断，关注教师发展、课堂变化。

三、"智美语文"形式体系

在语文乐群学堂实践中，逐步形成了以"个体独学、小组合学、师生共学、总结拓学"四环节为主的基本教学样态，如图3-1所示。

图3-1 "智美语文"形式体系示意图

"语文乐群学堂"最初是从高段课内阅读课开始的，之后在"乐群"理念的指引下，我们以年级备课组为单位，研究向不同课型、不同文体、不同年级拓展。比如，一年级识字教学，二年级古诗教学，三年级习作片段教学，四年级整本书阅读教学，五年级主题拓展式阅读教学，六年级课本剧教学……鼓励教师根据不同课型、不同文体、不同年级细化创新，衍生出"乐群学堂"基本样态下的创新形式和多种方法。

（1）增添式：根据教学内容的需要，可以在基本操作模式上进行增添和循环，并将学习时间从课堂向课前、课后延伸（见图3-2）。如三年级习作片段指导课，我们在"四环节"的基础上，以课堂40分钟为基点，安排课前、课后前置学习和拓展学习，将小组合学和师生共学在写法提炼和评价修改中进行了循环。

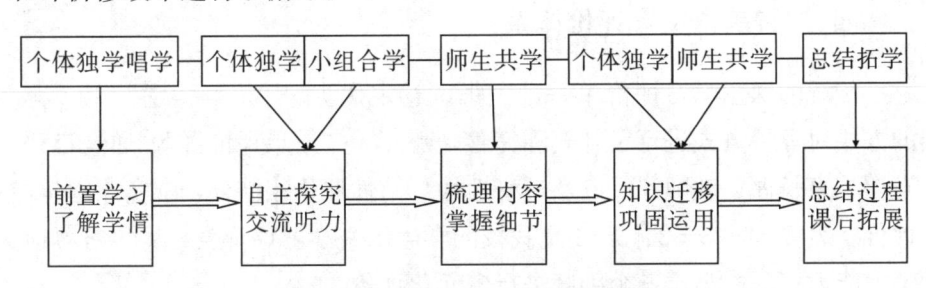

图3-2 增添式——习作片段指导课

（2）删减式：根据课型和教学内容的需要，在基本操作模式的基础上，可以进行一些环节的删减（见图3-3）。比如口语交际课，这类课型的基础是交际语境中，因此我们删减了"个体独学"这一环节，让学生的独立思考融合在交际情境中。

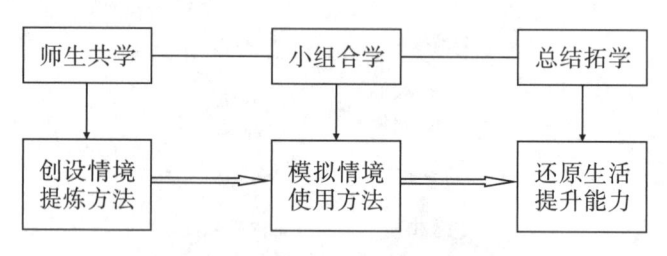

图3-3 删减式——口语交际指导课

（3）结合式：每节课的流程不必都按照基本操作模式进行，不必分得过于清楚，可以有机结合地进行（见图3-4）。比如针对一年级学生学习能力处于依赖型阶段，我们在一年级识字教学的"个体独学"环节将学习主体进行结合，以学生的自主识字为主，以教师的创设情境为辅，形成师生、生生间的一体共学模式。

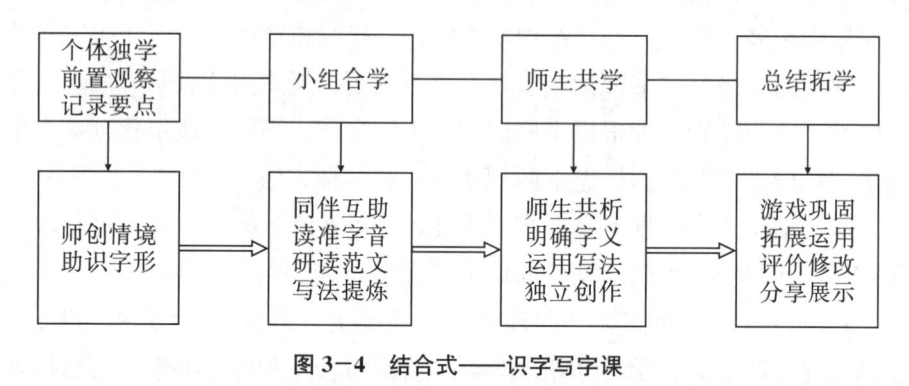

图3-4 结合式——识字写字课

四、"智美语文"评价体系

传统的课堂学习评价单一，一张试卷定优劣。"乐群学堂"以"群"的方式对评价方式进行了补充和完善，建立了"效果评价群"，通过自评、互评、家长评、教师评，以及过程性加总结性评价相结合，丰实课堂学习评价。表3-2、3-3、3-4是我校的学生语文学习评价表，从学习习惯、学习能力、乐群品质三个维度进行多元化评价。

表3-2 低年级段语文评价表

评价项目		评价内容	评价方式及等级 A. 优 B. 良 C. 合格 D. 不及格			
			上期		下期	
			自评	他评	自评	他评
学习习惯	课前准备	1. 预习课文（读通课文，标自然段，重点预习生字）。				
		2. 利用工具书（字典、词语手册）学习田字格生字。				
	课中学习	1. 良好的坐姿，专注的眼神，认真思考，积极举手的行为表现，回答问题时站姿标准。				
		2. 不交头接耳，认真听讲。				
	课后复习	1. 读、背、默写课文。				
		2. 完成作业，认真复习。				
学习能力	听	1. 认真倾听，眼睛看向发言的学生并积极思考。				
		2. 对同学的答案有疑问时举手示意，老师同意后回答。				
	说	1. 姿势端正，声音洪亮。				
		2. 语句完整。				
	读	1. 姿势端正，右手指书。				
		2. 声音洪亮，不缺字漏字。				
		3. 能带着表情，有感情地朗读课文。				
	写	1. 姿势端正：抬头挺胸，握笔正确。				
		2. 书写工整，格式规范。				
乐群品质	悦身心	1. 悦己：自己相信自己，敢表达，敢质疑。				
		2. 悦人：在学习与交往活动中，能够尊重他人，有礼貌地对待老师和同学。				
	会合作	自信地与同桌合作：认真地倾听，清晰地表达，礼貌地交流。				
	善思辨	思维有广度：生成多元，举一反三。				
期末评价							
学期总评							

表 3-3 中段年级语文评价表

评价项目		评价内容	评价方式及等级 A. 优 B. 良 C. 合格 D. 不及格			
			上期		下期	
			自评	他评	自评	他评
学习习惯	课前准备	1. 预习课文，梳理生字新词，初知课文大意，思考课后习题，并在不懂的地方做上记号。				
		2. 将上课所需学习用品摆放至桌面规定位置。				
	课中学习	1. 上课专心听讲，别人发言时，认真倾听，不随意打断别人的发言，不做与学习无关的事情。				
		2. 勇于提问，大胆发表自己的见解；积极回答老师的提问，声音响亮；用普通话与老师和同学交流。				
		3. 学会跟着老师板书及时做笔记，记录下老师强调的重点、难点。				
	课后复习	1. 及时回顾当天的学习内容，巩固重点，解决难点。				
		2. 独立、自觉、按时完成作业。				
学习能力	听	1. 在交谈中能认真倾听，领会要点。				
		2. 听人说话能把握主要内容。				
	说	1. 能用普通话与人交谈。				
		2. 能就不理解的地方向人请教，就不同的意见与人商讨。				
		3. 能把握主要内容并简要转述。				
	读	1. 能联系上下文，理解词句意思，体会关键词句在表情达意方面的作用。				
		2. 能对课文中不理解的地方提出疑问。				
		3. 能初步把握文章的主要内容，体会文章表达的思想感情。				
		4. 能复述叙事性作品的大意。				
	写	1. 能使用硬笔熟练地书写正楷字，做到规范、端正、整洁。				
		2. 愿意将自己的习作读给人听，与他人分享习作的快乐。				
		3. 尝试在习作中运用自己平时积累的语言材料。				
		4. 修改习作中有明显错误的词句。				

续表

评价项目		评价内容	评价方式及等级 A. 优 B. 良 C. 合格 D. 不及格			
			上期		下期	
			自评	他评	自评	他评
乐群品质	悦身心	1. 悦己：自己喜欢自己，能成功，能失败。 2. 悦人：在学习与交往活动中，能够赞赏他人，真诚地欣赏和赞美同伴。				
	会合作	自如地在小组中合作；充分地探究，不断地完善，合理地调控。				
	善思辨	思维有深度；条理清晰，严谨缜密。				
期末评价						
学期总评						

表3-4　高年级段语文评价表

评价项目		评价内容	评价方式及等级 A. 优 B. 良 C. 合格 D. 不及格			
			上期		下期	
			自评	他评	自评	他评
学习习惯	课前准备	1. 能借助参考书进行自主预习，并对课文内容和思想有自己的批注，提出自己的质疑。 2. 查阅关于作者的背景资料，了解作家作品及作品风格，能试着延伸阅读作者其他作品。 3. 读通课文，借助课后生字条和工具书掌握字形字音，联系上下文理解生词。				
	课中学习	1. 积极投入，主动参与课堂的讨论、探究、合作和交流中。 2. 认真倾听，张扬个性，积极创新和实践，有学习的自主性、能动性和创造性。 3. 敢于质疑，有丰富的想象力，在讨论中形成知识方法的结论。				
	课后复习	1. 保质保量完成课后任务。 2. 有效进行积累、复习。				

续表

评价项目		评价内容	评价方式及等级 A. 优 B. 良 C. 合格 D. 不及格			
			上期		下期	
			自评	他评	自评	他评
学习能力	听	1. 能认真倾听，就不理解的地方向人请教，就不同的意见与人商讨。				
		2. 能结合自己的思考，充分理解和掌握课堂教学内容，增加自己的知识量。				
	说	1. 与人交流能尊重、理解对方。				
		2. 乐于参与讨论，敢于发表自己的意见。				
		3. 听他人说话认真耐心，能抓住要点，并能简要转述。				
		4. 表达要有条理，语气、语调适当。				
		5. 能根据交流的对象和场合，稍做准备，做简单的发言。				
		6. 能在口语交际中注意语言美，抵制不文明用语。				
	读	1. 能进行个性化阅读，灵活运用所学过的语文知识，理解、品味课文，说出、写出自己的阅读心得。				
		2. 能全面阅读、精读、研读，把握一定的阅读速度，能抓住课文的主要内容，筛选信息，领会文章的主旨、风格，能提出问题并对其进行比较、分析、评价等。				
		3. 具有独立阅读的能力，学会运用多种阅读方法，有较为丰富的积累和良好的语感，能阅读日常的报纸杂志，能初步鉴赏文学作品，丰富自己的精神世界。				
		4. 能多角度、有创意地阅读，利用阅读期待、阅读反思和批判等环节，拓展思维空间，提高阅读质量。				
	写	1. 能养成留心观察周围事物的习惯。				
		2. 能把自己觉得新奇有趣或印象最深、感受最深的内容写清楚。				
		3. 内容具体，感情真实。				
		4. 会写读书笔记和常用应用文。				
		5. 能根据表达需要，正确使用常用的标点符号。				
		6. 养成自我修改和相互修改的能力。				

续表

评价项目		评价内容	评价方式及等级 A. 优 B. 良 C. 合格 D. 不及格			
			上期		下期	
			自评	他评	自评	他评
乐群品质	悦身心	1. 悦己：自己成就自己，会适应，会调节。				
		2. 悦人：在学习与交往活动中，能够成就他人，诚恳地帮助同伴获得幸福感。				
	会合作	自主地在群体中合作：主动地承担，密切地协作，机智地应变。				
	善思辨	思维有活度：辩证统一，求异创新。				
期末评价						
学期总评						

附：语文＋天府文化课程设计

一、课程背景与起源

四十里城墙芙蓉花开，数千年文化连绵不绝。不论对个人成长还是城市发展而言，天府文化的传承与发扬都至关重要。

这，是时代发展的呼唤。习近平主席在讲话中提出："文化是一个国家、一个民族的灵魂……文化自信是更基本、更深沉、更持久的自信。"生于锦城，长于锦城的天府少年，要能够认识家乡，热爱天府。树立文化自信，提升综合素养，是国家关于学生核心素养的培养目标之一。

这，是学科育人的要求。新课标中明确提出语文是一门实践性、综合性学科。随着新课程改革的不断推进，语文教育也在理论知识的框架下，引导学生走出课堂，通过积极的实践活动，促使儿童在"语言建构与运用""思维发展与提升""审美鉴赏与创造""文化传承与理解"四个方面获得全面发展。

这，是学校特色的彰显。锦小在"儿童是教育的唯一中心"这一教育思想指导下，秉承"优美和乐·共同协作"的办学理念，坚持立德树人、五育并举，追求"乐群教育"，旨在培养学生"悦身心·会合作·善思辨"的乐群品质。"晓看红湿处，花重锦官城"，不仅仅是杜甫笔下的千古佳句，更是锦城小学的办学愿景，它与锦城小学的特色发展一脉相承，同频共振。

二、课程设计与架构

由于天府文化广博浩瀚，对认知有限的小学生来说，过于厚重与庞大，所以选择切入点尤为重要。天府文化课程的设计和架构按照系统性、递进性、实践性原则，由点到面、由浅入深，根据学生的年龄、兴趣、认知特点，从学生熟悉的童谣、美食、地域文化入手，萃取天府文化精华，融合创意创新智慧，将其纳入实践活动当中，让文化活起来、动起来，以此激发学生的兴趣，并循序渐进地向学生传授更多的知识（见表3—5）。

表3—5　锦城小学天府文化课程框架表

年级	课程内容	活动设置
一、二年级	成都童谣之旅	1. 童谣共读加油站 2. 请你评一评，请你选一选 3. 请你判一判，请你演一演 4. 请你画一画，请你连一连 5. 请你说一说 6. 童谣自读小超市
三年级	成都美食文化之旅	1. 美食印象、美食美名、美食历史、美食特色、美食故事、美食名店 2. 美食美文、美食搭档、小小美食家、美食推广大使、美食知识考考你 3. 美食小超市 4. 推荐阅读书目
四年级	成都市井文化之旅	1. 市井印象 2. 市井新气象 3. 市井由来 4. 市井故事 5. 小小思考家、小小摄影师、小小探访家 6. 市井知识考考你

续表

年级	课程内容	活动设置
五年级	成都古镇之旅	1. 成都古镇简介 2. 古镇印象 3. 古镇美名 4. 古镇特色 5. 古镇美文 6. 小小旅行家 7. 小小推广师
六年级	成都博物馆文化 ——杜甫草堂之旅	1. 草堂由来 2. 走进草堂 3. 走进杜甫 4. 杜甫之诗 5. 杜甫之事 6. 杜甫之思 7. 杜甫之创

三、课程实施与效果

学校和教师根据天府文化课程的设计和架构，基于学生发展的实际需求，在具体实施中突显了活动的"四性"，即自主性、实践性、开放性和连续性。"自主性"：在课程内容选择时，重视学生自身发展需求，尊重学生的自主选择。"实践性"：强调学生亲身经历各项活动，在不同活动板块中进行"体验""体悟""体认"，体验、感受、传承文化，发展创新实践能力。"开放性"：教师基于学生已有经验和兴趣专长，打破学科界限，选择适合的活动内容，引导学生发掘自己生活成长环境中的文化因子，使自己的文化底蕴不断获得发展。"连续性"：活动主题向纵深发展，教师要处理好学年之间、学段之间活动内容的有机衔接与联系，构建科学合理的活动主题序列。

在学生求知欲望旺盛的时段，将独具地方特色的传统文化融入课堂，寓教于乐，以培养学生的文化自信、人文情怀、爱国素养，堪称一桩意义非凡的壮举。"天府文化课程"的设计与实施为把天府文化传播的火种撒播到每一个家庭乃至整个城市起到了重要的助推作用。

第二节 "智美语文"典型教学设计

教学设计 一

《西门豹治邺》
——成都市小学语文"乐群学堂"第一届展示活动优秀课例

教材分析：

1. 主题细节：《西门豹治邺》记叙了战国时期魏王派西门豹管理邺这个地方，西门豹发现这里田地荒芜、人烟稀少，便调查其中的原因，弄清事情真相后，运用极其巧妙的方法，惩治了巫婆和官绅头子，教育了官绅和百姓，破除了迷信。最后，率领老百姓开凿渠道，浇灌庄稼，从此，这里每年的收成都很好。

2. 布局手法：按事情的发展顺序，课文可以分为三个部分：调查情况，了解原因—惩治恶人，破除迷信—开凿引水，年年丰收。整篇文章详略得当，重点记述了西门豹巧妙地惩治恶人，破除迷信的故事，塑造了具有过人智慧和非凡治理才能的人物形象。

3. 核心意旨：通过这件事赞扬了西门豹尊重科学、破除迷信的好品质。

学情分析：

从认识上来讲，五年级的学生对封建迷信活动已有了科学的认识和了解，在阅读中完全能揣摩、体会作者的思想感情；从兴趣上来讲，五年级的学生对这类用智慧惩治邪恶、维持正义的故事十分喜欢，有极大阅读兴趣；从语文能力上来讲，五年级学生在学习阅读课文时，已经初步掌握了独立阅读的步骤和方法，比如概括主要内容、领悟文章要表达的主旨，并找到依据，也可以积累一定的表达方式，培养自主合作探究学习的能力。

教学目标：

1. 理解课文内容，通过品味人物的言行，了解西门豹是我国历史上一个敢于破除迷信，为民办实事的好官。

2. 联系上下文理解重点词、句的意思，体会西门豹惩治巫婆、官绅的巧妙所在。

3. 了解本文在布局谋篇上主次分明的特点。

教学过程：

教师教学活动	学生学习活动
课前预习 1. 读通读顺课文； 2. 请学生进行三次阅读。（见后文附件） 【印象阅读→读懂内容→读出写法】	个体独学： 1. 自读； 2. 三次阅读。
一、热身活动 1. 出示课题，提示"豹"的写法； 2. 正确朗读课文； 3. 理清线索（板书：调查原因—惩治恶人—开渠引水）； 4. 引出讨论话题。	师生共学： 1. 朗读课题，学习"豹"的写法； 2. 读课文，正音； 3. 说说课文主要讲了一件什么事，西门豹治邺先做什么，再做什么，最后做什么；（板书：调查原因—惩治恶人—开渠引水） 4. 本节课我们将围绕以下4个问题进行深入研究。
二、发展活动（提问讨论，深入理解） Q1：西门豹在调查原因时采用了哪些调查方法？了解了哪些情况？从而得出什么结论？ Q2：西门豹惩治恶人时，他是怎么做、怎么说的？他为什么要这样做、这样说？（追问：为什么不一网打尽？） Q3：西门豹治邺的三项举措中，作者详写哪些部分？略写哪些部分？这样安排合理吗？为什么？ Q4：在两千多年前的古代，人们普遍相信有鬼神存在，西门豹为什么能成功破除迷信？	个体独学+小组合学+师生共学： 1. 个体独学：对4个问题进行全面思考，形成自己的观点。 2. 小组合学：组内同学对4个问题发表意见、吸收综合； 3. 师生共学：抽取议题+"锦囊"，确定每个小组的研究内容（"锦囊"是教师提供的学习支架，供学生自主选用）； 4. 小组合学：对自己负责的题目进行深度研究； 5. 小组汇报、师生共学：随选回答+师生补充。
三、综合活动（综合活动，延伸探讨） 1. 本节课你学到了什么？ 2. 还有什么疑问？ 3. 还想知道什么？	总结拓学： 两两讨论 个人思考 抽点发表

附件1 《西门豹治邺》三次阅读单

我的名字：_____

三次阅读是自己能有目标地、系统地进行文章的初步分析。

【步骤一】印象阅读

读完文章之后，你能用一个句子来说说这篇课文主要在说什么吗？西门豹治邺先做了什么？再做了什么？最后做了什么？你觉得什么是有趣的？或你对什么还有疑问？

※我读到了：＿＿＿＿＿＿＿＿＿＿＿＿＿＿＿＿＿＿＿＿＿＿＿＿
＿＿＿＿＿＿＿＿＿＿＿＿＿＿＿＿＿＿＿＿＿＿＿＿＿＿＿＿＿＿
＿＿＿＿＿＿＿＿＿＿＿＿＿＿＿＿＿＿＿＿＿＿＿＿＿＿＿＿＿＿

【步骤二】读懂内容

读完课文，西门豹给你留下了怎样的印象？从哪些关键词句看出来的？（用自己的语言简单陈述）

※我读到了：＿＿＿＿＿＿＿＿＿＿＿＿＿＿＿＿＿＿＿＿＿＿＿＿
＿＿＿＿＿＿＿＿＿＿＿＿＿＿＿＿＿＿＿＿＿＿＿＿＿＿＿＿＿＿
＿＿＿＿＿＿＿＿＿＿＿＿＿＿＿＿＿＿＿＿＿＿＿＿＿＿＿＿＿＿
＿＿＿＿＿＿＿＿＿＿＿＿＿＿＿＿＿＿＿＿＿＿＿＿＿＿＿＿＿＿

【步骤三】读出写法

你觉得作者在详略安排上有哪些地方非常棒，你很想学呢？

※我读到了：＿＿＿＿＿＿＿＿＿＿＿＿＿＿＿＿＿＿＿＿＿＿＿＿
＿＿＿＿＿＿＿＿＿＿＿＿＿＿＿＿＿＿＿＿＿＿＿＿＿＿＿＿＿＿
＿＿＿＿＿＿＿＿＿＿＿＿＿＿＿＿＿＿＿＿＿＿＿＿＿＿＿＿＿＿

附件2

锦囊妙计之一

调查方法	了解的情况	得出结论
一般有观察法、访问法、实验法等	提示1：邺那里的情况怎么样？ 提示2：邺的情况是什么原因造成的？ 提示3：在给河伯娶媳妇的过程中，受益者是谁？受害者是谁？ 提示4：河伯灵吗？ 提示5：当地的老百姓相信给河伯娶媳妇的事吗？ ……	提示1：巫婆和官绅给河伯娶媳妇表面上是为了什么？实际上是为了什么？ 提示2：要解决这个问题需要强令禁止，还是以智取胜？为什么？ ……
请在下面用关键词句记录大家讨论的要点。		

锦囊妙计之二

西门豹惩治恶人是怎么做、怎么说的？	为什么这样做、这样说？
他回过头来对巫婆说："不行，这个姑娘不漂亮，河伯不会满意的。麻烦巫婆去给河伯说一声，说我要另外选个漂亮的，过几天就送去。"说完，他叫卫士抱起巫婆，把她投进了漳河。	这样是为了将计就计搭救姑娘，惩治巫婆。
相信同学们能够举一反三，在文中发现更多西门豹的智慧言行，快记录下你们的发现吧！	

锦囊妙计之三——详略安排作用分析法

　　文章的详略是根据所要表达的中心思想决定的。与中心思想关系密切的是主要内容，要详写；与中心思想关系不密切的是次要内容，要略写。我们分析这类题型时，要根据问题，首先判断哪些内容是详写，哪些是略写，然后弄清楚作者的写作目的，确定文章的中心，最后分析为什么这样安排内容。

　　答题技巧：本文详写了……内容，略写了……内容，这样写有利于突出……的中心思想。

_____

_____

锦囊妙计之四

　　同学们，西门豹之所以能够成功破除迷信，相信大家一定都为他超人的智慧所折服吧！不过，老师想提醒大家，有两句话说得好："思想决定行动。""品德重于能力。"西门豹能成功破除迷信，除了他的非凡智慧之外，还有哪些值得我们学习的呢？

_____

_____

（成都高新区锦城小学　江凌）

教学设计 二

三年级下册习作指导课
——成都市小学语文"乐群学堂"第二届展示活动优秀课例

教材分析：

北师大版小学语文三年级下册第三单元主题为"可爱的小生灵"，为了体现这一主题，教材编排了《小虾》《松鼠》两篇主题课文。这两篇主题课文有共同的特点：以动物为写作对象，为了突出动物的特点，重点观察了动物的动作，在描写动作时都使用了一系列的顺序词辅助写作。这是很好的习作训练点，因此教师可以据此展开小练笔，进行片段写作的训练。

教学目标：

1. 指导学生认真观察动作，养成认真观察的好习惯。

2. 积累描写动作的词语，能够按照一定顺序对动作进行描写。

3. 在描写中运用修辞手法和丰富语言，掌握通过动作描写表达对写作对象的丰富情感的方法。

教学重点：

通过观察进行准确的动作描写。

教学难点：

在描写中运用修辞手法和丰富语言，掌握通过动作描写表达对写作对象的丰富情感的方法。

课前准备：

1. 搜集顺序词和表示动作的词语

与手部有关的动词：挠，抓，打，提，按，揪，拍，压，推，触，摸，撕……

与嘴部有关的动词：吐，咽，咀嚼，吞，咬，吃……

2. 多媒体课件

3. 教学视频

教学课时：

2个课时

教学流程：

一、前置作业——自主观察写作

观看一段视频，并对视频内容进行写作。

课前准备：笔袋，前置作业，题单，小达人徽章。

二、图片激趣——启发观察习惯

1. 猜动漫人物。同学们对动漫人物这么熟悉，看来同学们都很喜欢看动画片，那你们知道动画片是怎么制作的吗？展示手中的图片和书。像这样，把笼统动作分解成细化动作，连起来，就可以让动作生动起来。今天，我们就要一起走进一堂有趣的语文课，用语言让动作生动起来。

2. 走进第一关——默契大考验。课前，同学们根据题单搜集了很多动词，我要来考考你们对动词的掌握，看谁和动词最有默契。

3. 说游戏规则：（1）拿出题单，组内交流并补充你搜集的动词；（2）每组推选一名同学作本组代表；（3）小组交流时间两分钟。任务明确，开始。

4. 各组代表上台组成两队进行PK，1~4小组推选的代表组成A队，5~8组推荐的代表组成B队，两队进行PK。请听游戏规则：（1）AB两队轮流接龙，接龙同学既要说出一个嘴或者手完成的动词，同时用嘴或手做出相应的动作；（2）接龙时间为2分钟。准备好了吗？开始。

5. 总结：这一关，同学们全都闯过了，你们也把笑声和掌声送给了自己。刚才的游戏环节，学生们和动词默契有加，既能根据动作准确说出动词，又能根据动词准确表演动作，这就是让动作生动起来的第一个法宝。我们必须仔细观察动作，用准动词，才能把这有趣的场面写得生动活泼。

三、连续闯关——范文引导写作

1. 走进第二关——寻找巧方法。请看视频。这段视频我们已经看过一次，同学们也根据自己的观察写了一段话。请同学们打开自己的习作，用红笔圈出你写的动词。你使用了多少个动词？

2. 拿出范文和你的习作比一比，找一找，看看范文有哪些地方值得你学习。

范文：盼盼吃东西的时候特别有趣！你看，它盘腿而坐，聚精会神地低头寻找，好不容易找到一根青翠欲滴的竹子，它反而不着急了。先用前爪举起来左边闻一闻，右边闻一闻，再用两只爪子举起竹子往嘴里送，接着熟练地在竹子上咬了一口，用爪子把竹子撕开，只留下里面最嫩的部分，最后才开始咯嘣咯嘣地咬到嘴里慢慢咀嚼，那陶醉的样子，仿佛在说："真是人间美味呀！"

（预设：使用了顺序词。顺序词多有用啊！正是因为顺序词的使用，才让盼盼的动作有条不紊，一只聪明可爱的大熊猫跃然纸上。）

3. 大家能回忆所学，再补充一些顺序词吗？

4. 你还找到了范文什么优点，能具体说说吗？（预设：修辞手法，这里"聚精会神"形容专注，形容人的动作，这里使用的是拟人的修辞手法。）

5. 小组讨论，对比自己的习作（从结构、内容、词语和句子、修辞手法等方面去探寻）再总结一下范文还有哪些地方写得好？好在哪里？

6. 学生汇报。

7. 小结：原来把一段动作写得活灵活现需要做这么多才能实现，同学们真能干，找到了这么多学习的好方法。为了帮助同学们记忆，查老师把这些好方法编进一首小儿歌，一起来读一读记一记吧！"动作生动有办法，中心句子最关键。仔细观察亮眼睛，找准动词会动脑。修辞手法不可少，顺序词语离不了。用好写作小法宝，你是动作小达人。"

四、观察表演——有序描写动作

1. 请两名同学当堂吃西瓜。

2. 采访同学，你想用哪个词语来评价你吃的西瓜。你能围绕美味说说刚刚你做了哪些动作吗？（问两个）

3. 打开题单，就你刚才的吃西瓜的经过，写出一个片段，时间8分钟。字数50~70字。

4. 写完的同学请看修改标准，根据标准对自己的作文进行第一轮修改。

评分标准：（1）用红笔改出错别字；（2）调整不通顺的语句；（3）使用修改符号。

5. 进行小组评议，请同学们根据评分标准小组内进行评议打分，每组推荐一名同学作品上台进行展示。

6. 小结：精彩的朗读，欣赏的掌声，今天我们也真正让动作生动起来。

五、总结拓学——迁移写作方法

会思考的同学已经发现了，今天，我们主要写了手和嘴的动作。其实，我们生活中还有很多动作，全班一起来做动作：又蹦又跳，东张西望，抓耳挠腮，蹑手蹑脚，手舞足蹈，捧腹大笑。好玩的游戏，有趣的动作，只要我们用上今天学会的方法，我们就可以把每次的动作描写写得生动具体，期待同学们下次的佳作。

（成都高新区锦城小学　查水莲）

教学设计　三

《我有一盒彩笔》
——成都市小学语文阅读赛课一等奖课例

教材分析：

《我有一盒彩笔》是北师大版语文二年级上册第七单元的主题课文，体裁为儿童诗。

小学低年级语文的学习重点是识字写字。本课需认识19个生字，其中包含多音字"藏"。本课需要会写8个生字，其中"语文天地"中要求"描一描，写一写"的生字是"盒"与"宝"。本课语言生动优美，句式整齐且朗朗上口，适宜学生朗读背诵。学生通过朗读加深对文本的理解，有助于培养学生的语感，有助于增强学生的记忆力，做到熟读成诵。这首儿童诗抒发了儿童对生活、美好的情感的追求和热爱，表达了儿童心中的理想。在学习过程中感受艺术之魅力，体会富有童趣的想象力，传递正能量。

学情分析：

1. 识字。在识字方面，二年级的学生已经有了初步的独立识字的能力。教师要做的就是激发学生识字兴趣，课堂上可以通过检查生字、词语认读的方式来了解学生的认字情况，在教授汉字的过程中，结合其背后蕴含的物象场景生动形象地给学生予以阐释，点拨学生自己去发现其中的奥妙，有效地增强他们的认知能力。对于个别易错的生字，需进行重点指导。

2. 朗读。学生进入二年级，词语的理解和积累是学习的重点。基于此，可以利用电子图片资源通过图文结合的方式理解重点词语，有感情地朗读课文。

教学目标：

1. 认识本课生字。理解"连绵起伏""宝藏"等词语的意思，会写"盒"与"宝"。

2. 能正确、流利、有感情地朗读课文。

3. 掌握"我画……为了……"的句式，发挥想象，仿编儿歌。

教学重点：

正确、流利、有感情地朗读课文，随文识字。

教学难点：

掌握"我画……为了……"的句式，仿照课文，发挥想象，传递正能量，仿编儿歌。

教学过程：

一、课题导入，检查生字预习情况

1. 齐读课题，指导书写"盒"

（1）学习皿字底，列举部首为皿字底的生字。

（2）观察如何把这个字写漂亮。结合儿歌，练习书写"盒"字。

（3）选择一个学生的作品进行细致点评，然后同桌互评。

（4）再次齐读课题。

2. 奇幻之旅情景导入：检查生字词预习情况

将词语设置成进入奇幻之旅的通关密码。正音，齐读。

直线、稻田、紫色、理想、透明、饥荒、圆月、海底、永远、消灭

二、学习第一小节

1. 全班齐读第一小节。

2. 学生赛读。

3. 重点理解词语：连绵起伏。随文识字："绵"。

学生观察图片，理解"连绵起伏"。倒置图片，学生会发现远山轮廓与"绵"的绞丝旁相似。送出金钥匙：写字前先想想字的意思再写就容易写对了。

4. 齐读第一小节。

三、学习第二小节

过渡语：小河、明月、远山、电视塔，构成了美丽的今天。丁丁画完"美丽的今天"就睡着了，在梦里他又画了一幅画，这幅画更神奇。

※初读

1. 请同学们看儿歌的第二节，现在同桌合作，用你们喜欢的方式读一读。注意要读准字音。

2. 汇报展示：请两组同桌示范，全班再合作朗读。

※细读

1. 同学们静心自读课文，按要求把答案勾画出来。用△标出画的名字，用"＿＿＿＿＿"标出丁丁画了什么，用"～～～～～"标出为什么。

2. 我画透明的海洋，为了看清海底的宝藏。

(1) 随文识字"透明"，理解其含义。

(2) 结合图片理解"宝藏"，掌握多音字"藏"。

(3) 以问题"宝藏藏在海底，你们家的宝贝藏在哪儿？"引出"宝"，书写"宝"字。

3. 我画绿色的太阳，为了让夏天凉爽。

引导学生思考丁丁为什么要画绿色的太阳。让学生带着感受读书。

4. 我画结满面包的大树，为了永远消灭饥荒。

随文识字"永远消灭饥荒"，重点理解饥荒。让学生体会丁丁的爱心与善良。

5. 我画小朋友长上翅膀，为了在广阔的天空飞翔。

提问：你为什么喜欢这一句？可以飞翔——如果我们有这样一双翅膀，我们就可以飞去任何我们想去的地方。如果你有一双翅膀，你想飞到哪里去？

※诵读

丁丁的画多神奇啊，丁丁的想象多美啊！同学们，愿意和老师一起合作来读一读明天的理想吗？师生各一行。

师生合作：引导学生填空，背诵课文。

四、展开想象，仿编诗歌

这是丁丁的奇思妙想，这是丁丁的爱心与善良。让我们把这份正能量传递下去。

你想给家人、给老师、给同桌、给卖火柴的小女孩画什么？为什么？

每个人都有自己的理想，如果你有一盒彩笔，你最想为谁画些什么？

完成仿句练习：

我画＿＿＿＿＿＿＿＿，为了＿＿＿＿＿＿＿＿。

同桌讨论，按照句式说一说。

五、分享创编儿歌

（成都高新区锦城小学　唐欢）

教学设计　四

童诗　童真　童趣——《风》教学设计

——2018年全国"醍摩豆杯"智慧课堂创新团队竞赛一等奖课例

一、基本信息

学校	成都高新区锦城小学	学科（版本）	小学语文（北师大版）
课名	风	教师姓名	康涛霞
课时	第二课时	年级	二年级
教学资源	TBL智慧教室（每人一个反馈器，每小组一个平板）		

二、教学目标

1. 正确、流利、有感情地朗读诗歌。
2. 感知风的特点，体会诗歌结构反复、想象丰富的特点。
3. 创编诗歌，做到语意清楚、语句通顺。

三、教学重难点

感知风的特点，体会诗歌结构反复、想象丰富的特点，并创编儿童诗。

四、学情分析

二年级学生具备初步的阅读能力，喜欢阅读朗朗上口的儿童诗，具有较强的模仿能力，初步具有小组合作意识，喜欢展示自己的作品，期待在诗歌的学习中提升学生的语言文字运用能力和阅读理解能力。

五、教学设计

教学模式	教学流程（P、C）	时间	科技应用（T）	教学评量（P、C）
一、猜字谜游戏，引入课题	1. 师：小朋友们都喜欢玩游戏，今天我们来玩一个猜字谜的游戏。看谁眼睛最亮，最会动脑筋。这里有一些古文字，请你猜猜他们是什么字。 教师分别出示古文字"瓜""灾"，请学生猜。 师：看来，象形是我们中国汉字最大的特点。下面难度升级，大家来看看这个字（古文字"风"），同学们来猜，并说说你是怎么猜到的。 师（讲解"风"字的来历）：古文中的风字就是一只大鸟，是神鸟凤凰。它有着漂亮的羽毛，巨大的翅膀，长长的尾巴。那时候的人们以为风就是神鸟凤凰扇动翅膀形成的，有意思吧？难怪有人说，每一个汉字都是一朵智慧的花朵。 教师出示"风"字的演变：甲骨文、金文、篆书、隶书、楷书。 师：同学们，这就是风字从古代到现代的演变过程。今天我们就走进诗歌，跟随作者一起去寻找风的足迹。请同学们美美地齐读课题。	5分钟	随机抽人 ↓ 计分 ↓ 即问即答 ↓ 智慧挑人 ↓ 计分板 抢权 ↓ 计分板	激发学生兴趣，启发学生对汉字象形特点的感受，从而进入风的诗歌课题。
二、初步感知课文，解决字词	2. 师：请同学们拿出课文纸，读之前，请看老师的自读提示：（1）标出诗歌小节。（2）读准字音，读通句子，不认识的字先自己想办法解决。（3）多读几遍。请学生1读完自读提示后，全班开始读。 3. 师：读完后，我们来玩个风车游戏。词语都想争着考考你们，风车转起来，请学生读。同学们真能干，看来词语都难不倒大家，让我们把它们送到课文里去吧！	4分钟	随机挑人 ↓ 计分板	初步感知课文，读通读顺诗歌，解决字词读音问题。

续表

教学模式	教学流程（P、C）	时间	科技应用（T）	教学评量（P、C）
三、细读课文，感知风	4. 师：快速默读课文，勾画出文中让你知道"风来了"的词语，最先完成的学生可以上台勾画。 5. 请学生带着问题阅读自己喜欢的小节。 如果喜欢第1小节，思考为什么喜欢这一小节，"颤动"是什么意思。 如果喜欢第2小节，思考为什么喜欢这一小节，"林木点头"是在向谁点头，要表达什么。 如果喜欢第3小节，思考为什么喜欢这一小节，该怎样记住"游"字。 随机选择，根据学生的情况来进行细读课文。 第一小节：理解"颤动"的意思，朗读课文； 第二小节：训练句式并朗读； 第三小节：练习写"游"字，想办法记住它，并进行朗读。 7. 如果把风看作一个娃娃的话，你觉得他是一个怎样的娃娃？（调皮的，可爱的……）	8分钟	记录笔勾画 ↓ 计分板即问即答 ↓ 统计图 ↓ 智慧挑人 ↓ 计分板即问即答 ↓ 计分板抢权 ↓ 计分板	理解诗歌，感受风的特点，感情朗读。
四、研读课文，发现"风"。	8. 师生配合读整首诗，教师读前半部分，学生读后半部分，然后交换。你发现了什么秘密？每小节开头两句都一样。这里运用了反复的手法，让小诗读起来很有节奏，像唱歌一般。 师：同学们，如果把风看作一个娃娃的话，你觉得诗中的"风"是一个怎样的娃娃？（板书） 9. 师：就让我们走进一段视频，去感受风的足迹。教师播放视频，学生认真看。 师：是啊，风，看不见，摸不着，但风就在我们身边。 10. 师：说一说，在大自然中，你还在什么时候发现了风的足迹？	5分钟	朗读 ↓ 计分 播放视频 ↓ 举手回答 ↓ 计分板	感受诗歌结构反复的特点，感情朗读，并感受无处不在的风。

续表

教学模式	教学流程（P、C）	时间	科技应用（T）	教学评量（P、C）
五、拓展诗歌，理解"风"（理解诗歌特点）。	师：下面关于风的两首诗歌《海上的风》《假如我是风》，你喜欢哪首？ 请学生自读，小组内统一意见，确定小组喜欢的诗歌，即问即答，做出选择，带着任务小组内自读，完成任务。 任务： （1）在《海上的风》中，作者把海上的风想象成了什么？在文中圈画出来。 （2）请把《假如我是风》中反复出现的句子用直线勾画出来。 （3）小组内读一读喜欢的诗歌。 12. 教师带领小组订正，并请学生汇报。	8分钟	即问即答 ↓ 统计图 ↓ 平板推送计时器 ↓ 飞递 ↓ 计分板	感受诗歌想象丰富的特点，并再次体会诗歌结构反复的特点，为后面的创编作准备。
六、小组合作创编诗歌，展示"风"。	13. 教师总结板书。 师：通过刚才的三首诗的学习，我们明白了儿童诗结构反复，想象丰富的特点，那接下来，就让我们一起来当当小诗人，小组合作，放飞想象的翅膀，把你想说的写下来。 出示挑战星级任务： （1）放飞想象的翅膀，接着《风》创编诗歌（★★★★）。 （2）放飞想象的翅膀，小组内接着创编诗歌《假如我是风》（★★★★★）。 14. 教师明确小组合作要求。 （1）在小组长的带领下，确定挑战星级，并发挥想象力，创编诗歌。 （2）写好后，拍照飞递，小组内练一练，读一读（时间：5分钟）。 15. 抽小组上台展示，朗读。 最后，教师总结。 师：同学们的想象真丰富。风虽然来无影，去无踪，但同学们用心体会，善于发现和观察，让我们仿佛置身于美丽的大自然，接受风的洗礼。同学们，你们就是小小诗人，真了不起。 16. 作业拓展。 制作小诗集，配上图画。 收集关于风的诗句，读一读。	10分钟	计时器 ↓ 拍照上传 ↓ 随机挑组进行分享 ↓ 计分板	创编诗歌，并进行展示朗读，评价

附：学生小组合作创编学习单

四星级挑战学习单

五星级挑战学习单

（成都高新区锦城小学 康涛霞）

第三节 "智美语文"教学实录与反思

教学实录与反思 一

基于乐群课堂的作文教学
——以《故事里的"秘密"》教学案例为例

[活动一] 找寻《西游记》的"秘密"

师：（导入）有一本书，它想象奇特，里面的主人公无所不能，它就是《西游记》。（出示文字概述）《西游记》叙述了唐僧、孙悟空、猪八戒、沙僧师徒四人顺利到达西天取经的故事。

师：这段文字描述正确吗？

生：不正确。应改为《西游记》叙述了师徒四人遇到了重重困难，解决困难后到达西天取经的故事。

师：在这段梗概中，藏着《西游记》的第一个秘密。《西游记》就是——

生：愿望—困难—行动—愿望。

师：树立愿望—面对困难—采取行动—实现愿望。这就是《西游记》里的第一个秘密。

[活动二] 找寻《三打白骨精》的"秘密"

师：回忆《三打白骨精》的故事梗概，你喜欢这个故事的什么？

生1：故事很精彩，很有趣。（师追问：体现在哪里？）

生2：白骨精打了三次才死，故事的情节波澜起伏。

生3：孙悟空不屈不挠。（师追问：你从哪里感受到的？）

生4：他打了三次才打死白骨精，虽然师父罚他，但他没有放弃。

生5：……

师：同学们，在一个故事中，情节能塑造人物形象、凸显主题和中心，人物形象和中心也推动了故事情节的发展，这就是一波三折。

[活动三] 找寻《晏子使楚》的"秘密"

师：打开故事单，走进《晏子使楚》。本轮探秘同桌合作，一人口述，一人画出情节曲线图。

学生小组交流、分享、评议。

师：太棒了，你们发现了吗，《晏子使楚》和《三打白骨精》有异曲同工之妙？

生：……

师：可见，一波三折的故事情节对塑造人物、凸显中心具有至关重要的作用。

[活动四] 买面包，多有趣

师：中午，肚子饿得咕咕叫了，怎么办？对，去买我最爱吃的芝士面包。

……

耶，我买到了喜欢的芝士面包。

师：你希望文中的"我"是一个怎样的孩子？请你根据想象创编与之相应的故事情节。

生1：遇到一个乞丐，把面包给了乞丐，再回去，没有买到，回家后发现妈妈给我买了面包回来。

生2：……

[活动五] 创编生活中的故事

师：请同学们运用今天学会的方法，通过一波三折的故事情节创编你生活中的故事并画出情节曲线图。

生1：去买礼物，遇到了狗，绕路走，走到超市，发现没有，最后回家自己动手做了一个。

生2：……

教师评议小结。

案例反思：

一提作文，学生"叫苦连天"；一改作文，教师"头痛欲裂"。究其原因，小学生作文处于起步阶段，教师在教学中由于各方面因素影响，缺乏对写作方法的系统指导，导致作文成为老大难，其中平铺直叙就是一个典型问题。为此，我们进行了基于乐群课堂的作文教学研究，以五年级作文《故事里的"秘密"》课例为依据，设计"一波三折"的写作手法教学课。回顾研究过程，现就"基于乐群课堂的作文教学"研究反思如下。

一是以激发学生兴趣为出发点设计学生活动。每次上作文课，课前谈话中都会发现学生对作文畏惧，大部分学生的想法都是诸如怎么又是作文课啊，不想写作文等等。其实，写作就像空气中的水珠一样，似乎看不见，但经过雨后斜阳的照射就会显出美丽的彩虹。但我们首先应该克服学生的畏难情绪，激发学生的兴趣，这样才能让学生发现这道彩虹。因此，从上课学生的反应和平时对学生的访问，我们确定了这堂课主要落在激发学生的兴趣上，授课教师在几轮磨课中，先后选用了《西游记》《三打白骨精》等多篇文本反复研究，最后才确定了上课所用文本，以探秘《西游记》《三打白骨精》《晏子使楚》为线索，学生的自主学习始终围绕探秘进行，极大吸引了学生的兴趣，使他们在好奇心的推动下，不断自我突破，创造性地找出了以往我们忽视的"秘密"，让学生有了成功的喜悦，这就是我校开发乐群课堂要达到的乐于学习的效果。

二是依据学生认知规律，把认知转化为实践。当前小学生作文的现状令人担忧，呈现出题材雷同、思路模式化、千篇一律等问题。课标指出，语文是一门实践性课程，语文课一定要留出时间加强学生运用语言的实践内容。学生学习语文知识和方法的重点不在于了解，更要强调运用。因此，无论是阅读课还是作文课，都应该遵循从认识到实践这一认知规律来设计教学过程。因此，执教者在设计时，应先从文本故事出发，激发学生主动找到并认识"一波三折"的作用，再设计买面包和生活中的小故事，从口头实践到生活中的小故事放手让学生去发散思维，辅以情节曲线图，让学生从表层逐步深入，掌握运用习作的技巧。

三是科技手段的运用为乐群课堂作文教学助力。作文教学中，科技运用也是一种营造良好氛围的有效手段。基于乐群课堂的作文教学，我们的根本目的就是让学生变怕写为乐写，在乐于写作的过程中学习必备品质。这节课中，授课者使用了智慧课堂软件。首先，在学习《西游记》时，对故意设置的有误文字进行更改；随后在每个故事环节中都多次运用了计时器；其后创编故事环节，使用抢答器，将课堂氛围推向高潮；最后在展示学生作品时，使用多媒体设备机进行推送，方便快捷，一目了然，为课堂增添了魅力和色彩。

（成都高新区锦城小学　查水莲）

教学实录与反思　二

探究本源　以趣激学　促进学生乐学成长
——以小学低年级识字写字教学为例

案例背景：

在小学低年级识字教学中，传统课型"就书教书"，对汉字的文化意义涉猎较少，学生对字词理解浅，迁移能力差，学习效果不理想。为此，我们进行了基于汉字字源促进学生乐学成长的识字教学研究。笔者以一年级语文教学中的典型课例为依据，就识字写字教学中如何促进学生乐学浅谈几点感悟与反思。

案例感悟：

感悟一：识字教学重视文化传承

【教学片段】活动一：由一个字到一类字

对《小山村》展开随文识字教学，提出生字"家"。出示字源及演变过程，引导学生联想字义。

师：把"家"字拆开，看一看它的上半部分像什么？（出示宝盖头、房子简笔画）

生：宝盖头像一个有烟囱的房顶。

师："家"字下半部分像什么呢？（出示"豕"字的甲骨文写法和猪的形象图）

生：像猪的形态。

师：古代的平民在屋廊下摆"豕"（猪）祭拜去世的亲人，构成"家"。引申为住所。

延伸其他宝盖头的字，如将"玉"放在"家"里构成"宝"，加深理解宝盖头含义。

【教学评议】

在基于汉字字源的识字教学中，要求教师首先对汉字发展演变有详细的了解，结合低段学生思维特点，选取合适的汉字展开发散教学。通过追溯汉字的本源，分析汉字的结构，利用汉字的构字理据识记汉字。在牢固建立起音、形、义的联系有效提高识字效率的同时，让学生感知汉字的魅力，渗透汉字的文化内涵。使识字教学从教文字符号，转向汉字文化的传承。

感悟二：引导学生积累学习方法

【教学片段】活动二：运用方法触类旁通

在《小闹钟》一课中，以"经""劲"两个带有相同声母的生字拓展。

师：认读拼音，发现两个字的异同。

生：读音、部首不同，"经"字右边和"劲"字左边相似。

师：梳理常用的识字方法。

学生选择自己喜欢的方法来认识"茎""径"，猜想它们各自的含义与什么有关，全班交流汇报。（利用四个汉字换部首变字，例如"经－纟＋力＝劲"）

教师出示不同语境的句子，学生根据字义选择"经""劲""茎""径"填空。

【教学评议】

教师要注重总结提炼识字方法，如拼音认字法、查字典法、形声字分析法、编顺口溜法，并适时放手，为学生提供练习的机会，随堂巩固识字成果。例如通过加减新字的组成部分变熟字，发散学习内容，引导学生自主观察，运用多种方法识字，加深对汉字的理解记忆，逐步提升学生自主识字能力。

感悟三：合作参与促进兴趣激发

【教学片段】活动三：游戏识字，写字展示

在识字课《丁丁冬冬学识字》教学中，将学生分为四人小组，各组准备"人""木""白""主"四个字卡，在组内进行"找朋友"游戏，两两搭配组合成新字。

生：人＋木＝休，人＋白＝伯，人＋主＝住，木＋白＝柏，木＋主＝柱。

教师引导学生观察字的间架结构，指导写字。

学生写字，全班交流，讨论如何写好，展示自己的书写成果。

教师归纳总结，选取学生作品进行评议。

【教学评议】

教师在教学设计中，将课程的识字目标内容用游戏的方式串联起来，引导学生探索分析字形的方法，让学生在游戏中实现"乐学"。灵活运用自评、互评、集体评、师评等多元评价方式，对学生作品进行评价，明确书写标准，引导学生总结怎样把这一类型的字写好，从一个字的书写迁移到同类结构汉字的书写。

案例反思：

一、识字教学回归字源，引导学生感悟汉字文化内涵

义务教育阶段的语文课程，要使学生初步学会运用祖国语言文字进行交流沟通，吸收古今中外优秀文化，提高思想文化修养。这样的教学目标不仅蕴含在优秀的课文篇章中，也深藏在每一个汉字背后。充分利用汉字形象直观、逻辑严密、系统性强等优势，引领学生对汉字字源进行探究，感受汉字的严密体系及其形体美；借助汉字音、形、义的演变过程，感受汉字中的智慧含量，了解中华文化的生成与传承，激发学生的民族自豪感与自信心，加深对民族文化的热爱。

二、整合提炼识字方法，促进学生学习能力的提升

语文课程标准将"发散思维"作为课改的基本理念之一。在课堂教学中，教师引导学生总结识字方法，进而将识字方法外化为课堂上的说、写、练，实现学习成果的巩固。在这样的练习中，识字方法和内容得到及时的验证，增加学生的自信心和成就感，识字兴趣得到激发，学生利用学到的识字方法在生活中积累生字，实现从课内到课外的延伸，提升学生综合学习能力。

三、强化学生自主意识，合作参与实现乐群课堂

在识字教学中，教师应尽可能创造一种能让学生主动参与、乐于探究、主动获取知识的氛围，引导学生学会收集、分析、处理、运用信息。其一，游戏识字是激发学生学习兴趣的重要手段，调动学生的参与积极性，让学生在游戏过程中自己去发现汉字的变化，达到识记的目的。其二，就学生的学习成果进行展示，有助于针对学生的实际问题，引导学生在评价中思考怎样把字写好，将识字落实到写字上。通过展示优秀作业，激励学生在写好字中收获成就感，从乐学到乐写，更好地实现语文识字教学的目标。

（成都高新区锦城小学　向以玲、王媛）

教学实录与反思 三

带着诗情画意，漫步人生旅途
——《夏日绝句》教学实录与反思

【课例背景】

不知道大家有没有这样的体验：自己从小背过很多古诗词，但随着年龄的增长，渐渐地也忘得差不多了。除了屈原"路漫漫其修远兮，吾将上下而求索"的精神，除了陶渊明"此中有真意，欲辨已忘言"的意境，除了李白"长风破浪会有时，直挂云帆济沧海"的豪情，除了苏轼"大江东去，浪淘尽，千古风流人物"的气概，其他曾经朗朗上口的古诗词仿佛雁过无痕，渐渐淡忘。

我们在学习古诗词，尤其是小学生在学习古诗词时，为什么会出现这样背过就忘的尴尬现象？仔细思索，这和我们教学中重背诵默写轻形象建构、重理解词句轻诗词鉴赏的行为是密不可分的。古诗词作为中华民族珍贵的文化遗产，更是中国传统文化不可或缺的重要组成部分，要让它的精神养料、文化养料深深扎根在儿童的脑海中，就需要变短时记忆为长时记忆，让古诗教学真正成为让学生带得走的诗情画意。

【课例实录】

一、理解字词，感知诗意

师："大漠孤烟直，长河落日圆。"大漠孤烟，边关冷月。那是战士厮杀的战场，那也是诗人们灵感的源泉。自古以来，一条条保家卫国、驻边守疆的道路，充满了艰辛，充满了牺牲，也充满了荣光。在今天的课堂上，我们将走进《夏日绝句》，去感受那流传千古的家国情怀！请同学们翻开语文课本，自主阅读，一边读，一边勾画自己不理解的字词。谁来说说，你的问题在哪里？

学生自主发言。

师：诗文当中有三个具有核心价值的词语，同学们理解了吗？请看大屏幕——谁来说说，什么是"人杰"？

生："人杰"指的是人中豪杰。

师："人杰"一词出自汉高祖刘邦，他曾称赞张良、萧何、韩信为人杰。"鬼雄"指的又是什么呢？

生:"鬼雄"指的是鬼中英雄。

师:"鬼雄"出自屈原《国殇》:身既死兮神以灵,子魂魄兮为鬼雄。"至今"的意思是?

生:"至今"指的是直到今天。

师:请同学们结合注释,把这些核心词语送回诗中,试着说一说诗句的意思。

学生先同桌之间说,然后教师点名让学生说。

二、走进人物,感受诗境

师:这首《夏日绝句》出自南宋著名女词人李清照,她是中国历史上最著名的女词人,被后世誉为"千古第一才女"。她前后期的作品风格相差极大。宋室南渡前,李清照生活美满,作品热情活泼,明快天真;宋室南渡之后,丈夫病死,又逢国破家亡,作品孤独凄苦,也有慷慨激昂之作。根据你的分析,《夏日绝句》这首诗是李清照什么时期的作品?

生:我分析应该是晚期作品。因为整首诗给人的感觉是慷慨悲壮的。

师:在这首诗中,李清照提到了一位她心中的英雄人物,他是——

生:(齐答)项羽。

师:同学们知道项羽吗?谁来分享一下。

生1:项羽是西楚霸王,和刘邦争夺天下,是位英雄。

生2:项羽在楚汉之争中失败,最后在乌江自尽。

师:老师也为同学们准备了项羽的部分资料,请看屏幕。看完视频,发挥你的想象:项羽如果接受亭长的规劝,退回江东,他的命运可能会有怎样的不同?

生1:他可以保存性命,活下来。

生2:可以东山再起,再和刘邦一较高下。

生3:"留得青山在,不怕没柴烧。"退回江东,不仅可以保存性命,而且极有可能东山再起,称霸中原。

师:正如唐朝诗人杜牧所说:"江东子弟多才俊,卷土重来未可知。"那项羽为什么不肯过江东呢?你能感受到他的什么精神?

生1:我感受到他宁死不屈的精神。

生2:我感受到他大义凛然的气节。

师:能过,而不过。宁可自刎乌江,也不苟活于世。正如诗人文天祥所说:"人生自古谁无死,留取丹心照汗青。"李清照诗中"至今思项羽",

"思"的其实是什么？

生："思"的是那种宁死不屈、大义凛然的精神。

师：用诗中的语句来表达，就是——

生："生当作人杰，死亦为鬼雄。"

三、了解背景，感悟诗情

1. 读一段文，知历史沧桑

师：李清照这样一位婉约派代表诗人，为什么会如此慷慨豪放地歌颂这种宁死不屈的高尚气节？我们来读一段文字。

生：（读）靖康之耻发生在公元1126—1127年，是宋朝的奇耻大辱。金国军队势如破竹，仅仅数月便攻陷北宋京师开封府，掳走了皇帝宋钦宗和太上皇宋徽宗，还掳走了皇族、后妃、官吏，十多万平民沦为奴隶，金国还向宋朝索了要巨额的赔款。这场战争给宋朝百姓生活带来极大的灾难。之后，康王赵构南逃，于南京应天府称帝，为宋高宗，史称南宋。

师：读完资料，最触动你心灵的是什么？

生1：宋朝军队不堪一击，短时间内被金兵攻陷了都城，连皇帝也被俘虏了。

生2：宋朝向金国赔款很高。

生3：老百姓生活痛苦。

师：国破家亡，风雨飘摇，李清照爱国之情喷涌而出——

学生齐读古诗。

2. 看一幅图，晓朝廷软弱

师：国破家亡，南宋统治者在做什么呢？我们再来看一幅图——

学生看《宋高宗逃跑图》。

师：看了这幅图，你想说什么？

生1：南宋统治者太懦弱了，面对敌人，只是逃跑。

生2：金兵占领的土地越来越多。

师：统治者苟且偷安，不思收复疆土。李清照痛斥朝廷的软弱行径——

学生齐读古诗。

3. 品一句诗，悟百姓疾苦

师：统治者的软弱，让老百姓的生活怎么样呢？我们继续来品一句诗——

生：（齐读）遗民泪尽胡尘里，南望王师又一年。——陆游

师：百姓生活水深火热，苦不堪言，李清照的悲愤之情跃然纸上——学生齐读古诗。

师：面对天下兴亡，李清照的态度是宁死不屈。面对天下兴亡，唐朝的两位诗人王昌龄和王翰又表现出怎样的态度呢？请同学们运用我们的学习方法，自主学习《出塞》和《凉州词》。

【课例反思】

《夏日绝句》的教学从字词入手，明诗意；从人物介绍，会诗意；从背景拓展，悟诗情。引领学生对古诗进行深入的探究，在探究中强化表象，加强记忆，实乃水到渠成。

一、细读历史沧桑文字，激发感觉

人的认识是从感觉开始的，感觉是人对外部世界反映的最初的、开始的形式。小学生身心发展有一个非常重要的综合性心理特征就是直观形象性。要调动儿童的注意力，激发儿童对古诗词最初的、开始的深刻感觉，必须要用直观形象、具体可感的方式作为媒介。《夏日绝句》的教学充分尊重儿童的天性，用准确、清晰的数字来刺激儿童的感觉，使儿童从直观的数据中感受到战争的残酷、损失的惨重，获得对古诗的大致认识和基本判断。

二、跟进南宋逃亡路线，形成知觉

比感觉再高级、再复杂一些的反映形式是知觉。知觉是当前客观事物的整体在人脑中的反映，所反映的是客观事物的各种不同属性的总和，以及它们之间的相互联系。小学时期因年龄偏小，也没有足够的自制能力，加上思维的可感性和跳跃性，如果学习方式呆板乏味，很容易分散学生的注意力。《夏日绝句》教学重视学生的身心发展特点，摒弃那些抽象的道理和枯燥的说教，在跳脱生动的南宋逃亡图上，跟进逃亡时间和路线，充分激发了学生的学习兴趣，帮助学生多维度建立起对南宋政府软弱无能的认识，在感觉的基础上形成知觉，加深印象。

三、涵泳陆游经典诗句，强化表象

表象又叫观念，它是比知觉更高级、更复杂的感性反映形式。儿童学习一首古诗，要进得去，出得来，还要走得远，这就要拓展延伸。不光是知识的拓展延伸，更是思维的拓展延伸。《夏日绝句》教学在激发学生对古诗文的感觉，形成对古诗文的知觉之后，注重知识框架的立体建构，以

教材中的古诗为生发点，拓展与之相关的古诗词内容，让学生在延伸阅读中，感受老百姓苦不堪言的生活，进一步强化对古诗词的鉴赏和理解。

"读书破万卷，下笔如有神。"中国古诗词言简意丰，令人回味，蕴含着意境美、音乐美和语言美，学生只有在经历了感知、知觉、表象这三个层级的学习过程之后，才会形成自己的意识，才会留下深刻的印象，也才能带着古诗里的诗情画意，惬意地漫步在自己的人生旅途上。

（成都高新区锦城小学　江凌）

第四节　"智美语文"教学研讨

教学研讨　一

"双减"背景下小学语文乐群学堂创新模式实践探究

"双减"，一场教育的重大转型，一次教育的深刻革命，既是一个对传统教学的严峻挑战，也是一个重构教学生态的难得机遇，更是为此开启教学寻变之旅的必然选择。"双减"之下，课堂的提质增效，给学校乐群学堂的研究提出了新的挑战，我们必须进一步深入落实乐群学堂的内容体系、形式体系与评价体系研究，为高质量课堂建设而不懈努力。因此，在学校"晓看红湿处，花重锦官城"的办学愿景之下，本文基于多年来的乐群学堂实践研究成果，以小学语文学科教学为研究对象，持续深入探究"双减"背景下小学语文乐群学堂的创新教学模式。

一、小学语文乐群学堂的研究践履

"乐群"一词最早出现在《礼记·学记》中，"一年视离经辨志，三年视敬业乐群"。这里的"乐群"是古代学校对入学三年的学生考核的基本要求。所谓"乐群教育"，是尊重生命个体的多样性，充分发挥集群优势，以愉悦的学习氛围为基础，以合作的学习方式为载体，实现生命个体与群体共同发展的教育。乐，乐观、乐和、乐享。群，群学、群思、群长。"优美和乐·共同协作"是乐群教育的精神。2013年学校创新性地提出了"乐群教育"，并于2014年根据传统课堂学习内容单薄、就教材教教材的问题，在《关于全面深化课程改革落实立德树人根本任务的意见》的指导下，开始对"乐群课堂"学习方式进行探索与研究。2014年开始以语文学科为试点，进行了乐群课堂的创新探究，并以此为研究对象申请了高新区区级课题"小学语文乐群课堂实践研究"，进行了深入而系统的研究。该课题研究达到了预期的目标，连续三年在区级课题评审中荣获"优秀奖"，并于2018年12月顺利结题。

2018年，学校根据教育部发布的"中国学生发展核心素养"的内涵，结合学校实际，对"乐群教育"的内涵进行了完善和优化。落实到课堂中，乐群教育以儿童为中心，以活动为载体，变"乐群课堂"为"乐群学堂"，通过全科育人、全程育人、全员育人，培养学生"悦身心·会合作·善思辨"的乐群品质。

经过近八年的探究与实践，锦城小学以乐群教育理念为导向，国家小学语文课程为主干，语文课堂学习为基础，形成了以"乐"和"群"为明显特征的小学语文一体化创新教学模式——乐群学堂。

二、小学语文乐群学堂的创新模式

传统的教学模式多数以照本宣科为主，将知识灌输给学生，但是这样只会让学生觉得乏味枯燥，对上课提不起兴趣。小学语文乐群学堂创造学生"悦身心"的学习氛围，培养学生"会合作"的交往能力，锻炼学生"善思辨"的思维品质，最终实现培养学生核心素养的目标。

本文探究的乐群学堂中的"乐"，强调以学生为中心进行的快乐学习模式，使学生成为课堂的主人，在民主平等、自由愉悦的氛围中充分享受学习语文的快乐，在乐中学，乐中练，变苦学为乐学，真正做到乐而好学。乐群学堂中的"群"，是较于"独"而言的，它不是多种元素的简单相加，而是一种开放、整合、融通的综合视野下的思维方式，不仅是指学生根据学习任务建立的学习共同体，更是指以"群"的方式对学习内容进行链接和融合，同时以"群"的方式对评价方式进行补充和完善，最终促进学生乐群品质的达成。

三、小学语文乐群学堂创新模式的实施

"双减"背景下，学校教师在前期探索的基础上，以"群"的方式对小学语文乐群学堂进行了创新模式的实践探索。

（一）对学习内容进行链接和融合，形成"学习内容群"

1."语文+学科"

从语文学科的综合实践活动中提炼挖掘，并创造性地开设了语文乐群

学堂主题教学活动，以语文教材为基础，是国家语文学科课程的延伸和拓展，是打破学科间壁垒，进行深度跨学科融合的尝试。语文乐群主题活动在"我爱大自然"的主题下，各年级又细分为小主题，其中，一年级以"十二生肖"为主题，二年级以"花草植物"为主题，三年级以"特产"为主题，四年级以"祖国山河"为主题，五年级以"水的世界"为主题，六年级以"探寻古迹"为主题。以六年级探寻古迹为例，各学科教师围绕一同主题，进行分学科教学。语文课学习有关祖国山河的古诗、故事、成语、传说等；科学课学习祖国山河的科学知识，如山川河流的形成；音乐课教授和祖国山河有关的歌曲；美术课完成和祖国山河有关的美术作品；计算机课指导学生从网上搜集整理和祖国山河有关的信息，制作PPT；英语课学习和祖国山河相关的英语单词或句子……

通过一周全方位学习，学生对知识进行整理贯通和主题汇报。在汇报过程中，有的学生独自进行汇报，有的以小组为单位进行展示，有的穿着可爱的道具服装进行表演，有的以有奖问答的形式激发同学们参与互动的热情，还有的通过投票反馈的方式进行汇报评价……汇报环节形式多样、精彩纷呈，充分展示了学生的风采。

经过几年的探究，形成了语文乐群主题活动的方案、各年级主题教学方案、具体主题教学活动教案，及包含课程需求度、课程设计、课程实施、实施成果的主题教学活动操作手册，让学生真正"走进"大自然，培养学生"悦身心·会合作·善思辨"的乐群品质。

2."语文＋生活"

语文是综合性实践学科，源于生活，服务于生活。"语文＋生活"以语文教材为基点，链接社会生活，丰富学习内容。例如学习了苏轼的古诗《题西林壁》《饮湖上初晴后雨》，学校以此为出发点，组织高年级段学生开展了眉山三苏祠的研学活动，通过观赏学习"三苏"父子的大量手迹、各种印版和拓版的诗文字画等文物和文献，对苏轼进行深入了解，并通过课堂再现学生的收获和思考。低年级段学习《植物妈妈有办法》之后，同样以教材为基点，组织学生到江家菜地开展研学活动。学生通过寻找与玩耍，认识了苍耳这种植物，拉近了书本与生活的距离。

3."语文＋技术"

利用多媒体技术辅助语文课堂教学，从互动式交互学习到苏格拉底系统的使用，实现了对学生学习情况的大数据分析，通过苏格拉底视频切片，人工智能打分对语文课堂进行诊断，关注教师发展、课堂变化。同时，我们鼓励教师充分运用信息技术，如HiTeach、希沃白板、优化大师等，更有效地提升语文教学效率，增强学生语文学习的参与性和互动性，极大地提升了学生语文学习的兴趣和动力。我们以"语文+"的方式，加出了教师的教育创新，加出了学生的学习创生。

（二）对学习方式进行改进和提升，建立"学习小组群"

传统课堂学习方式单一，教师讲学生听，以"填鸭式""满堂灌"为主。"语文乐群学堂"以"群"的思想对学习方式进行了改进和提升，建立了"学习小组群"，如同桌学习群（低年级段为主）、四人小组学习群（中年级段为主）、六人小组学习群（高年级段为主）、自主项目群，丰富课堂学习方式。

在"语文乐群学堂"实践研究中，逐步形成了以"个体独学、小组合学、师生共学、总结拓学"四环节为主的基本教学样态。

"语文乐群学堂"研究最初是从高年级段课内阅读课开始的，在"乐群"理念的指引下，我们以年级备课组为单位，向不同课型、不同文体、不同学段拓展，比如，一年级识字教学、二年级古诗教学、三年级习作片断教学、四年级整本书阅读教学、五年级主题拓展式阅读教学、六年级课本剧教学……鼓励教师们根据不同年级、不同课型、不同文体细化创新，衍生出"乐群学堂"基本样态下的创新形式和多样方法，形成语文乐群学堂不同课型实践与研究的教师"学习小组群"。

"乐群学堂"的研究紧跟时代步伐，关注儿童生活，针对不同学段、不同内容，采用不同路径，不断改进和提升课堂学习方式，将培养"悦身心•会合作•善思辨"的乐群品质落到实处。

（三）对评价方式进行补充和完善，建立"效果评价群"

传统的课堂学习评价单一，一张试卷定优劣。"乐群学堂"以"群"的方式对评价方式进行了补充和完善，建立了"效果评价群"，通过自评、互评、家长评、教师评，以及过程性评价与总结性评价相结合的方式，丰富课堂学习评价维度。

"群"的思想使课堂的学习内容、学习方式、学习评价从"独"走向了"群"，把学生从狭小的学习空间解放出来，给学生更多的学习锻炼机会。

"学堂"，是相较于"讲堂"而言的。一切以学生为主，变"课堂"为

"学堂"。教师和学生的角色发生了变化，教师的角色转型为学习活动的设计者和学生有效学习的服务者，学生的学习方式变化为自主、合作、探究学习，教学过程成了生本互动（独学）、生生互动（合学）、师生互动（共学）、内外联动（拓学）的过程。

"双减"之下，建设高质量课堂，学校不断在探索、实践。"乐"所蕴含的"悦身心"，"群"所蕴含的"会合作"，"学堂"所蕴含的"善思辨"，三位一体，构筑起体现育人目标的当代课堂教学新样态，表达的是锦城小学"花重锦官城"的教育追求。

（成都高新区锦城小学 李雪梅）

教学研讨 二

真情的流露
——日常习作教学之感

作文是语文教学的重点工程，也是一个老大难的课题。北师大教授刘锡庆曾说过："作文教学很麻烦，一直到现在，我还没有找到一种比较科学的、有效的训练体系。"对于我，一线的语文教师，在这十几年的教学生涯中，一直苦苦追寻习作教学的门道，可是每每面对它时，内心总是很忐忑，感觉它如一项艰巨的任务，极难攻克。特别是看见学生索然无味地完成作文时，挫败感油然而生。虽然自己非常用心地准备着每一次习作，但是面对至今还是语言空洞乏味、中心不明确的作文，心里真是难受呀！

前几年教高年级，每个周末我都与作文相伴，每次批改作文，红笔满篇，我是真累，但是收效甚微。然而，这学期当我在批改学生写军训、写值周、写运动会、写自己犯错时，我的心好似被戳了一下，鼻子酸酸的，泪水在眼眶里打转。学生描写灵动，真情流露字里行间，再次把我拉回和他们走过的点点滴滴。原来，每一次活动、每一次经历的事情都在他们幼小的心灵深处留下深深的痕迹，让我看到他们的成长、进步，更让我感受到学生纯真、善良、向上的美好品质。

为什么纠结我十几年的作文教学，这学期却有如此大的改观？

回顾这学期的习作指导，我认为要想让学生把作文写好，不是教师生搬硬套程式化地教，而是要让学生的真情实感自然而然地表达出来。

比如在《值周》一文中，有学生这样写道："以前，我观察到节俭监督岗的同学，只需要在食堂中监督各班的用餐情况，看同学们有没有安静就餐，有没有浪费食物。心里想，这可真轻松啊，我一定能做好。可是等到我正式上岗了才发现这看似简单的事情，做起来却并不容易。"这，就是学生真实看到的日常学校的值周场景，可是当他自己去做这件事时，却有了不同的感受："这看似简单的事情，做起来却并不容易。"这样的感受不自觉地把文章的中心自然而然地确定下来。小学语文教学大纲指出，作文教学就是把自己看到的、听到的、想到的内容，用恰当的语言文字表达出来。你瞧，学生不就表达出来了吗？

  这种自然而然的流露还表现在写自己亲身体验和经历的事情时。在《运动会》这篇习作中，许多学生写道："轮到我了，我紧紧地握住接力棒，风声、呐喊声在我耳旁响起，但是我都无暇顾及，一心只想着超过其他班的同学，赶快迈入终点，为班级尽力。"学生之所以谈到这些内容，是因为当时我们班在比赛时，一开始就掉棒落后于其他班，但是齐心协力为班级增光的信念，点燃了每个学生的心，他们在赛场上努力拼搏的身影跃然纸上。更让人惊喜的是："当小飞人第一个冲向终点时，同学们欢呼着、雀跃着，牵着手、转着圈，你看着我、我望着你，胜利的喜悦蔓延五年级三班所有队员，操场上回荡着我们此起彼伏的欢声笑语。"结尾处的描写更让我看到学生齐心协力、努力拼搏后的幸福和快乐。

  以上片段的描写都是学生亲身经历的真实表达，这让我不禁想起著名教育家叶圣陶先生的话："生活就如源泉，文章犹如溪水，源泉丰富而不枯竭，溪水自然活泼地流个不停。"叶老的话精辟地道出了习作与生活密不可分的关系。生活是创作的源泉，只有认真生活，体验人间真情，丰富个人情感，积累习作素材，习作时才有事可叙，有景可描，有情可抒，有感可发，写出来的文章才能有声有色，亦情亦景，才会使读者读起来有滋有味，妙趣横生。是的，所有好的作品都不是矫揉造作。这学期能欣赏到学生真情实感的表达，不仅感动了我，而且也让我对习作教学更有信心。我知道，习作教学之路不是一帆风顺的，也不是一蹴而就的，它需要持久的动力、不懈的努力。但是，我相信只要我们关注学生的情感体验，真实表达，真诚引导点拨，作文教学一定会跨上一个新的台阶，学生也一定会带给我更多的惊喜！

（成都高新区锦城小学 唐宏梅）

教学研讨　三

小学语文"乐群学堂"教学模式"三步曲"

"简简单单教语文，扎扎实实求发展。"这句话是在一次全国青年教师赛课活动中听崔峦老师的讲座记下的，我内心十分赞同。简单的，是有效的；简单的，是美的。课堂教学就像一座天平，在有限的时间和空间里，只有教师教得简简单单，学生才可能学得扎扎实实。如何简化教师的"教"，优化学生的"学"？我们在自己的"一亩三分地"里不亦乐乎地搞实验，慢慢地，我们提出"乐群学堂"教学主张，将"悦身心·会合作·善思辨"作为我们的核心思想，以学生"自学""共学""享学"的学习方式与教师"先学""让学""助学"的教学策略在语文教学中的运用，从而构建语文教学的基本思路和结构，培养学生"优美和乐·共同协作"的品质，逐渐形成了"乐群学堂"的"三步曲"。

一、成立学习小组，奠基"乐群学堂"教学模式

俗话说："人心齐，泰山移。"我们的"乐群课堂"以"群落"为单位，开展学习探究活动。每个学习"群"的人数限制在六个左右，保障每个学生全面、深度参与的时间。自由的分组，让每个学习群落成员之间能更均衡地享受学习过程，没有强权与服从，更多的是对话与选择！

1. 推选组长。"火车跑得快，全靠车头带。"每个月上学的第一天，我都会让学生自己推荐组长人选，推选出的组长有的聪明好学，有的乐于助人，有的认真负责，有的号召力强……学生推荐组长最大的益处在于，组长不会是清一色的"学霸"，同时也随时叩击我的心灵：原来除了成绩之外，学生身上还有这么多美好品质值得我们去关注、去培养！

2. 选择组员。"车头"诞生了，紧接着便由组长依次选择组员，我对组长挑选组员的要求只有两个：一是要志同道合，二是要有两位或两位以上的异性成员。第一次分组时，本以为各位"组长"会根据同学们成绩的优劣来挑选合作伙伴，出乎我意料的是，有一个小组长第一个挑选的竟然是我们班出了名的"淘气包"，挑选理由是："他太调皮了，其他同学根本没有办法管束他，我是他的好哥们儿，我亲自帮助他。"语毕，全班响起雷鸣般的掌声，其他组长在他的影响下，选择组员也先挑需要帮助的同学，大有一种利居众后、责在人先的大气度。

3. 确定序号。小组成员确定后，由组长负责安排座位，组长细致周到的思考，让我不得不叹服叫绝：女生男生间岔着坐，避免交头接耳；学优生和学困生紧挨着坐，有利于"一帮一"；视力不好的前面坐，便于看清黑板；个子高的旁边坐，避免遮挡后面小组同学的视线……座位确定后，学生们按顺时针方向，确定出了自己在组内的序号，为课堂上的小组合作学习做好了组织准备。

二、坚持课堂实践，实施"乐群学堂"教学模式

1. 熟读课文，整体感知

实施课堂教学时，教师或情景导入，或开门见山地引出课题，学生在预习的基础上，依次朗读课文，教师及时正音，帮助学生把课文读正确、读通顺。继而，根据课文的长短和难易程度，给予充分的时间，让学生在"导读单"提示下，对文本形成整体感知。

2. 出示议题，自学交流

在学生整体感知文章内容、中心思想、写法的基础上，教师向学生出示自己或备课组在文本细读后筛选出的四五个议题。议题的选择要充分体现阅读理解的三个层次，即查找与回忆—整合与解释—批判与评价。议题的设置要充分考虑议题是否紧扣文章主题，议题是否循序渐进，议题是否囊括文章的要点。

学生在议题的提示下，首先进行三分钟的自主学习，勾画重点词句，批注自己的感受，充分与文本对话；然后开始六分钟的合作交流，组内成员按照序号依次发表自己的观点，人人参与，在小组内碰撞出智慧的火花。

3. 选择议题，深入探究

在各小组对上述 4 个议题进行全面学习与交流的基础上，教师运用 HiTeach 教学应用软件，对所有小组进行随机抽点，选中的小组具有优先选择议题的机会。选择适合自己小组的学习内容，这个过程实质上是学生对自己从现有状况到可能达到的理想状况之间的一个评估。此环节中教师的主要职责在于引导学生，让学生懂得在选择议题时要有挑战难题的勇气，也要有脚踏实地的坦然；要有追求高分的理想，也要有坚守兴趣的执着……

议题选定后，各小组进行五分钟左右的深入探究学习，准备下一阶段的汇报交流。教师则为选择不同议题的小组准备智慧"锦囊"，设置"锦

囊"的目的主要在于当学生的探究失去方向或遇到瓶颈时，能通过"锦囊"的提示搭建台阶，顺利完成学习任务。小组是否使用"锦囊"，则由学习小组共同决定。

4. 选择形式，分享提升

深入探究结束后，各小组将按照议题的序号进行分享交流，有的采用集体汇报的方式，有的选择随机抽点的方式。一组分享完后，下面的听众从学习效果、汇报形式、参与态度等方面对该学习"群落"进行"1+1"的评价，最后共同提升、全面提升。等待所有小组汇报结束后，将由学生和教师对相关知识点进行整合、梳理，对汇报"群落"进行综合评分。

5. 小结收获，拓展延伸

学习接近尾声时，学生进一步思考交流：（1）本节课你学到了什么？（2）还有什么疑问吗？（3）还想知道什么？

一节优秀的课应该带给学生许多收获，更应该引发学生无限思考。

三、进行双轨评价，助力"乐群学堂"教学模式

1. 评选优秀学习小组

每天学习活动结束后，综合各组成员的行为习惯、上课表现、作业完成等情况，评选出优秀小组，给每位成员积分。同一小组连续两天或每周累计三天被评为"优秀小组"的，要向同学们分享经验；同一小组连续两天或每周累计三天分数"垫底"的，组长要组织本组成员反思总结。

2. 评选明星学员

以月为单位，每组成员根据每个人的表现，比如积极思考、勇于分享、敢于担当、乐于助人等品质，评选出一位"明星学员"，给予表彰。

简简单单教语文，扎扎实实求发展。让我们减去一些设计精美的课件，减去一些激情澎湃的表演，让出时间和空间，让学生扎扎实实地思考、实践、讨论、发展吧！

（成都高新区锦城小学　江凌）

教学研讨　四

探索"女"字作偏旁时的书写规律

汉字是中华文化的瑰宝，是独树一帜的东方文化杰作，是传承和发扬中华五千年文化的重要途径。绵延数千年的书法艺术，独领风骚的中国绘

画，令每个中国人都感到无比骄傲与自豪。

然而，如今国人的书写现状却令人担忧，学校的写字教学也陷入迷失。究其根源，不难发现这似乎与电脑的普遍使用和各种电子书写设备的产生密切相关。具有悠久传统、独具中国特色的汉字书写受到了重创：许多国人不会写汉字了！写不好汉字了！尤其是学校的现代化手段越高，学生使用电脑越熟练，这种情况越令人担忧。于是，学校写字教学就肩负着弘扬传统文化的历史使命。

为了改变这种现状，教育部重新修订的小学语文教学大纲中又再次把写字教学提到了重要的位置。我们知道，在汉字中有独体字与合体字之分，但大多是合体字。通常，学生接触最多的也是合体字。在学习合体字的过程中，要引导学生掌握合体字的结构以及间架安排，寻找一些共同的规律。因此，要着重引导学生分析偏旁部首、笔画变形和间架结构，发现汉字的书写规律，学会举一反三，从而把字写规范。

四年级写字课教学，每节课都要讲好几个生字，根据笔顺规则，注重的是这些汉字的正确写法，至于每个笔画、每个部分怎么搭配好看，确实是一个教学空缺。本次课例只讲一种基本偏旁"女字旁"，并结合语文识字内容，选取带有这个偏旁的汉字进行练习，让学生揣摩偏旁在左右、在上下不同的书写变化，使每个汉字部分与部分之间搭配更合理美观，掌握硬笔书法的基本写法。

一、学生特征分析

本班学生汉字书写水平不平衡，且两极分化比较严重，绝大部分学生已经养成了良好的书写习惯，书写姿势正确，能坚持做到"三个一"：尽力写好每一个汉字，具有了一定的写字能力，掌握了一定的书写方法。但是有个别学生书写基础较差，家长又疏于督促，平时作业潦草应付，还教老师加强辅导，鼓励学生养成认真作业的习惯，指导学生熟练用钢笔书写正楷字。对女字旁的书写更存在很多不足：笔顺错乱，笔画搭配不美观，不能突出字形变化。因此，师生共同探究含有"女"字旁汉字的写字规律，规范书写习惯。

二、课例实施方法

指导学生细致观察，并能实践研究，发现"女字旁""女字底"及相关例字的变化和书写规律。

教学左右结构的字，书写时注意左窄右宽，左让右，形窄长；教学上下结构的字，书写时要注意形宽扁，下托上。

三、课例研究过程

（一）第一轮课例研究过程

1. 开课教师示范女字旁的书写，引导学生观察女字旁的占格、学习运笔方法（女字旁，写得窄长）

2. 观察例字，学习"婵"和"如"的书写

（1）"婵"的写法：左边紧靠竖中线，比右边窄小。

（2）"如"的写法：左边窄，比右边的"口"长。左右写匀称。

3. 学生实践演练

（1）临写、摹写"婵""如""妨""姑""娟"。

（2）自己找类似的字，练习书写。

4. 观察女字底的占格、学习运笔（女字底，写得扁而宽）

5. 学习"娄""姿"的写法

（1）"娄"的写法：最后一笔最长，写舒展。

（2）"姿"的写法：最后一笔长，托住上面的部分，写匀称。

6. 实践演练

（1）临写、摹写"娄""姿""要""委""妄"。

（2）自己找类似的字，练习书写。

7. 作业点评

（1）教师展示优秀作业。

（2）针对问题进行点评。

8. 课后反思

本次课堂教学，授课思路清晰流畅，我在教学时分"女字旁"和"女字底"两种情况进行教学，让学生认真观察它们的写法，同时练习相关汉字。但在教学中，教师过于注重知识的讲解而忽略了学生的观察、探究、分析、思考、总结的过程，教师指导书写不够细致，致使学生写字的效果呈现不明显。另外，课例设计还缺少对"女"字的寻根溯源，对它意义的理解、构字的规律缺乏系统性的认识。

针对上述情况，我即时调整了方案，进行了第二次的课例研究。

（二）第二轮课例研究过程

师：同学们，看看这是古时候的象形文字——"女"字，它经历了甲骨文、金文、小篆、隶书到今天的楷体字，你们发现它有什么变化？（最

初复杂的象形字笔画越变越简单。)那我们一起来写く、丿、一(女)。今天我们就要一起来探讨女字作"女字旁"和"女字底"时的书写规律。

师:看了今天的课题,你想到了哪些含有女字部首的汉字呢?我们来比一比,三分钟之内看谁写得最多。准备好了吗?开始!

接着,学生活动,教师巡视,再评价。

师:同桌互相看一看对方写出来的汉字,你有什么发现?(①"女"字做偏旁时,有的在旁边,有的在下面,笔画也发生了新的变化。②"女"字在左边作偏旁时,写得又窄又长;女字在下面做底的时候,写得又宽又扁。③女子在旁边时,横变提;女字在底部时,横变长。)

师:同学们有一双会观察的亮眼睛,这是写好字的前提。老师发现同学们都是从"字形、结构和笔画的变化"这三个方面提出问题的,那我们这节课也就从这三个方面来探究学习,先把字写正确,再把字写美,好吗?

教师出示田字格,叫学生上台教大家写正确"女字旁"和"女字底"(各写两个,教师根据情况评价)。

引导学生观察书写的"女字旁""女字底",提问:要让它们更美观应该怎么办?注意笔画的位置和变化,写得窄长和宽扁。教师指导书写,再写两个。叫学生上台写,并请同学评价。

师:通过刚刚同学们的探究学习,我们知道了女字作偏旁时,字形要写得又窄又长;女字做底的时候,字形要写得又宽又扁。

探究:含有女字旁的汉字又怎样写更美观呢?出示"婵"和"如"字,请大家练习各写一个,揣摩怎样才能写美观。教师补充讲解:女字作偏旁,形窄长,女字变得瘦长,整个字左窄右宽,左边让右边,左右平齐。学生掌握要领后,练写"婵"字剩下部分。

讨论:"如"字怎样写更好看?(右边写小,口在中间。)

配乐练习写后面的女字旁的字(提醒姿势),展示评价学生作品。

出示学法建议:①认真读帖;②观察字形;③把握结构;④抓重点笔画。

师:现在我们用同样的办法继续学习女字底的汉字,寻找书写规律。请大家看老师书写,观察怎样把"娄"和"姿"写正确、写美观。

教师书写,学生观察,并叫学生汇报。

教师总结:出示"娄"和"姿"两个字,再补充讲解。女字底的字要写得形宽扁、下托上，就像我们看杂技表演叠罗汉时最下面的人一样，下面稳稳地托住上面的人或物。配乐，并叫学生上台写，其余练习写"娄"和"姿"后面剩下的字（提醒姿势），展示评价学生作品。

儿歌巩固学法：小小偏旁真奇妙，找到位置最重要。女字旁，形窄长，撇短点长横变提；女字底，形宽扁，撇长点短横要长。找到规律勤练习，一起来把字写好。

师：掌握了规律，我们静下心来练习，就能把字练得越来越好。请大家完成剩下的练字作业。

教师总结拓展："女"是一种性别，与"男"相区别，所以姐妹、姑娘、奶妈、妯娌、姬妾、奴婢、妃嫔、妻妾、姨娘这些词都直接含有女字的偏旁。而女字旁的字同时也与美丽可爱的形态有关，比如婵娟、娇媚、妖娆、婆娑、妩媚、娇嫩、婀娜，另外和女子有关系的事情也有女字旁，如嫁娶、婚姻、媒妁。我们发现规律，学会方法，认真练习，也会把字写得更好。

布置上述词语的抄写作业。

五、研究成果

1. 反思本次课堂教学，在学习过程中学生初步掌握了"女"字作偏旁时在左右结构和上下结构汉字中的书写要领。

2. 学生探究了带有这个偏旁的汉字的一般书写规律。

3. 通过写好例字，逐步辐射到这一类汉字特点，并基本能把字写正确、美观，结构比例恰当。

4. 了解"女"字在作偏旁时构成汉字所表达的意义：与女性有关，与女性的美丽形态有关，与女性相关的事情。

（成都高新区锦城小学　张红梅）

教学研讨　五

一次古诗课教学引发的思考

古诗，是中华传统文化的瑰宝，是民族精神的精华。学习古诗，不仅促进人们对历史文化的了解，而且增加人们对自身的了解，丰富人们的阅历。作为一名语文教师，我们应该对小学生从小进行文化的熏陶和引领，培养他们的审美和鉴赏的能力。在这一学期中，我在一次一次的古诗教学实践中，对古诗教学有了新的认识和思考。

我们一般学习古诗的步骤大致有三：读正确—明诗意—悟诗情。

按照这样的学习方法，我自己设计了原北师大版第十册"角度"单元的《古诗二首》的课程教学。第一次在其他班上试讲，在读正确和明诗意上就花了大半节课，悟诗情的教学版块根本没有学完。下来后，重新调整设计方案，在读正确、明诗意环节通过小组学习的方式让学生自行解决重点词和翻译，教师只是指出重点。同时，加入对比两首古诗的环节，体会诗情。第二次上课，三个步骤的学习任务完成了。但是，整个课堂的学习氛围较沉闷，学生完全是被教师牵着走，缺乏主动学习的愿望，缺乏参与性，跟"乐群、群乐"似乎沾不上边，更不要说提升学生的审美和鉴赏能力了。

连续两次的不尽如人意，使我不得不思考，到底是哪儿出了问题。通过同事的议课、自己的反复斟酌，我渐渐明白，古诗教学应该诗中有画，更应具有文化背景的讲授。正如清末民初大学问家王国维在《人间词语》中所说："一切景语皆情语。"

在第三次试讲中，通过欣赏图片、配乐读诗、全班交流的方式让学生走进诗中和诗人一起去感受诗中的美景，在头脑里形成画面，真正走进诗中。品悟诗人的情感，对于学生来说是个难点，因为诗人的生活离我们太远了，诗人丰富的生活背景和经历也不是十一二岁的孩子完全能够理解的。于是，我补充了这样的学习资料：

当时王安石只有30岁，正值壮年，心怀壮志，正好借登飞来峰一抒胸臆。当时王安石已由鄞州县令改任舒州通判。《题西林壁》为苏轼47岁时所作。元丰七年（1084）四月，苏轼离任黄州就职汝州时，途经江西游庐山，写下此诗，这首诗是他总结庐山之游的绝唱。

有了这样的背景介绍，学生对于为什么王安石当时登上飞来峰发出"不畏浮云遮望眼，只缘身在最高层"的感叹能大致猜出一二。有学生说道："王安石登上高高的飞来峰，站得高，看得更远，这正是他对自己美好未来的憧憬，抒发了诗人远大的政治抱负。"至于苏轼的"不识庐山真面目，只缘身在此山中"，诗人想告诉我们：看待问题不能单一地从某一方面去看，要从整体、全面、客观的角度来看，这样才能把事物本身的面目看清楚。当教师追问："难道苏轼真是看不清庐山的真正面目吗？"学生根据以往的学习经验，知道苏轼是宋朝的大文学家、政治家，才华横溢，他之所以说出这番话跟他当时处于被贬的境况，以及想实现自己的政治抱负息息相关。

这些是什么？这就是文化呀！可我之前的备课一心只是想着带学生学古诗，但为什么学，学习这两首古诗对于学生有什么意义和价值，以及学生现有的知识水平是怎样的，却并没有深入思考。在教学中，只考虑自己教，却忘记学生才是课堂上的主角，这是不恰当的做法。通过这次课我发现，如果能适当加入一些文化背景知识的介绍，学生在学习古诗时，接受这样的文化熏陶，他们的眼界、生命境界，就会发生很大的变化。

语文课应该有更高远的追求，追求我们文化之根、精神之根、民族之根，而这个追求跟每一个生命的成长是紧紧连接在一起的。如果我们一直坚持这样做下去，我们的语文就真正做到为学生的生命成长助力。

虽然过程充满煎熬，但是却在无形之中提升自己的境界，开阔了视野，让我越来越喜欢教古诗，学生学习古诗的热情也愈发高涨。

"路漫漫其修远兮，吾将上下而求索。"这是屈原《离骚》中说的。教学之路蕴含着深厚的文化，愿自己在这条道路上不断修炼，探索出一条开阔、明亮之道，在教学上越教越通透，越教越快乐！

（成都高新区锦城小学　唐宏梅）

教学研讨　六

搭一把天梯　赏灿烂星空
——乐群学堂的散文阅读与鉴赏

一、课程目标

初中语文课程标准中要求中学生要具有一定的阅读鉴赏散文的能力。然而散文因其"形散而神不散"的特点，不像记叙文那样容易理解，而且散文用独具质感的优美语言创设特定的情境、深邃的意境，以寄托自己的哲思或情感，既不易意会又难以言传，所以学生对散文没兴趣，不愿意深入探究，无法把握主旨。因此，在六年级时，我们必须激发阅读散文的兴趣，掌握一定的方法，使孩子反复品读散文，提高鉴赏散文的能力，从中获得美的享受，为初中的阅读和写作打下坚实的基础。

1. 积累词、句、段，培养语感，提升语言表达的丰富性，即通常所说的文采，这是提高作文水平的基础。

2. 积累丰富的情感表达方式，能读懂复杂的人物心理并有所感悟，形成形象思维和多向思维能力，这是提高阅读能力的关键。

3. 积累对人生哲理的思考，即积累人生阅历，这是提高作文水平的关键。

二、课程实施

（一）以"读"激趣，感知散文

1. 通读。朗读一遍，第一遍快速阅读，了解基本内容，并大致读懂文章主旨。

2. 美读。散文大都是文质兼美，适合朗读。叶圣陶先生把有感情的朗读叫作"美读"："激昂处还它个激昂，委婉处还它个委婉……尽情发挥作者当时的情感，美读得其法，不但了解作者说些什么，而且与作者的心灵相通。"然而真正读出感情来并不容易，需要教师在朗读技巧上进行必要的、适当的指导，让学生掌握语调、语气等。

（二）以"勾"促想，精读散文

宋朝著名学者朱熹读书时就十分喜欢在书上做各种记号，初读、再读、三读都用不同颜色的笔圈点勾画，他认为这样能"渐渐向里寻到那精英处"。

1. 初读时，圈点的重点是需要注音、注释的生字生词、自然段的序号、文章的中心句或重点语句。此次圈点主要是读通文章，粗知作者思路，初识文章的框架，即整体感知文章的大概内容，对之后的深入阅读起确定方向的作用。阅读时多采用速读的方式。

2. 再读时，批注的重点是解决初读时圈点的问题。圈点的重点应是文章的重点、难点和疑点，重要的、精彩的、有欣赏价值的佳句以及感受最深的句子，结构段的序号，修辞、表达方式等。此次圈点是培养学生自己发现问题、自己解决问题、不断提高自学能力的有效途径之一。这种训练的根本目的是让学生读懂文章，养成边读书边动脑的良好习惯，从而终生获益。阅读时多采用精读的方式。

3. 三读时，主要解决再读过程中圈点的内容，并做批注、写感悟。有的语句之所以让人感到美妙，是因为表达的思想深刻、精辟，给人以深刻的启迪。此次阅读主要让学生读透文章，给学生真正的阅读权利，让学生真正走进作品，真正有自己的创见，达到既"忘我"又"有我"的境界。这对于提高学生的鉴赏能力、批判能力、创造能力是极好的。阅读时多采用品读的形式。

阅读时，学会用符号勾画。我们可以用约定俗成的符号，在文章上对自己认为重要的、有用的或应注意的字、词、句、段加以圈、点、勾、画，做出相应的标记。示例：

(1) 直线"＿"，可画在生字或需要解释的词语下，用以在批注时注音或解词；

(2) 数字序号"①②③④"，可以用来标示自然段的序号，便于查找内容；

(3) 波浪线"～～～"，可以画在自己欣赏或是文章中的关键词句下面，以便加深记忆、理解；

(4) 圈点"。。。"，可以画在重点词或优美词语下面；

(5) 三角号"△△△"，标出句子的关键词；

(6) "！"在感叹、惊奇的语句旁写出读后的感受；

(7) "？"提出自己的疑惑。

很多学生理解的好词好句就是成语或有华丽辞藻的句子，于是一味去勾画成语和成段成段的佳句，反而造成在写作中出现乱用成语、堆砌华丽辞藻，文章缺乏真情实感的问题。因此，我们要引导学生走出这个误区，知道有很多朴实的充满真情实感的句子也是好句子，懂得从多角度去赏析好词好句。

好词：

(1) 中心词，能概括全句或全文的一个词；

(2) 修饰词，修饰颜色、声音、形状、光泽等的词；

(3) 一段话中能准确表达作者某种情感的词；

(4) 一段话中能准确恰当地表达句子意思的词；

(5) 一段话中的连续动词；

(6) 谚语、俗语、名言、成语、四字词等。

好句：

(1) 文眼句。

文眼句是既能揭示文章中心，又能提挈全文的传神性句子。它不仅可以使文章在外部结构形式上交织缝合在一起，而且能使文章内部意义贯通流畅。

(2) 主旨句。

主旨句表明作者的写作目的，揭示文章的中心思想，是全文的核心，文章的灵魂，具有较强的概括力。文学性文章的主旨句多在文末，议论性文章多在开头。

(3) 过渡句。

有的语段（文章）有几层意思，这就需要语段或句子之间的衔接，起这样作用的句子就是过渡句。过渡句既能起到结构上起承转合的作用，又归纳和提示了下文内容。

(4) 深化句。

这类句子在语段中能起到画龙点睛的作用，其位置多在语段末，表达方式多为抒情、议论性的句子。

(5) 哲理句。

这类语句文字十分简练，内涵异常丰富，含义尤为深刻。它是文章思想内容高度浓缩的结晶，可以起到发人深思的作用。

(6) 精彩句。

这类语句在绘景写人、抒情说理时，有独到的功力，它浸透着作者对事物的认识，饱含着作者遣词造句的精妙用意。领会这类语句既有助于对文章的理解，又能提高语言鉴赏水平。

(7) 引用句。

文中引用的名人名言，表现一定的思想内涵，也就是文段内容的概括。

(8) 总结句。

一般是语段中的尾句，或概括总结上文，或留下余地让人思索，或饱蘸笔墨抒发感情。这类句子是对文章内容和情感的收束。

(三)"批"文入情，品读散文

批注式阅读是指学生在自主阅读时，对文章的语言进行感知，对文章的内容、层次、思想感情、表现手法、语言特色、精彩片段、重点语句，在思考、分析、比较归纳的基础上，用线条、符号或简洁的文字加以标注的读书方法。批注有三种形式：眉批、旁批、尾批。

1. 眉批在文章的文首，着眼在整体内容的概括。根据学生的认知特点，初读散文时，他们最感兴趣的是文章内容，所关注的是人物故事、事物特点。因此，眉批着眼整体，主要在于把握课文主要内容、理清课文脉络。

2. 旁批在文章句子旁边，在逐字逐句深入研读的基础上，用心揣摩语言文字，体会作者思想感情，领悟表达方法。在这个阶段，批注的指导应以文中的细节作为载体，让学生在反复咀嚼语言文字的过程中，获得真切的体验和独特的感悟，并引导学生学会从不同的角度去赏析句子。

（1）从词句在句、段、全文中的作用去旁批。

体会用词的准确，体会为什么这样（用词句）写而不那样写，还可以怎样写；这样写（用词、句）有什么好处，有什么作用，说明了什么，表现了什么等。即通过替换、增删、比较的方式让学生体会词句运用的准确、生动、具体、形象，还应加上自己对作者这样遣词造句的评价、鉴赏及自己的体会感受等。

（2）从表达方式、修辞手法的角度进行批注。

如文中哪些是人物描写，通过人物描写（神态、语言、动作、心理活动等）表现了人物的什么情感、态度、价值观、精神、气质、形象、内心世界？这样写有什么好处？哪些是场面描写，哪些是景物描写，哪些是环境描写？这些描写表现了人物事物的什么特点，有什么作用，说明作者采用了什么说明方法表达方式？其次，作者使用了什么修辞方法（排比、比喻、拟人、设问、描写等）？这样写有什么好处？

（3）从文章结构安排角度批注。

一段话或一篇文章采用了什么样的结构安排，在文中起到了什么作用（领起、过渡、总结），这样安排有什么样的好处？

（4）批注含义深刻的句子，想一想这些句子说明了什么，表达了作者怎样的情感等。

（5）对文中标点符号进行批注（指特殊的、重要的）。

（6）归纳写法：主要在整体上对文章的遣词造句、布局谋篇进行体会和领悟。如叙述方法、写作顺序、议论手段、说明方法等，即理清作者的写作思路。

（7）领悟情感（作者的情感、读者的情感、文中人物的情感）。

（8）联想想象（联想到或想象到的，文中空白处的补白，文中可能省略的，这个故事以前的、以后的，背后的故事以及接下来可能发生的，和自己的生活、学习实际有什么联系等）。

（9）自己简短的感受（对文中人物、事件的评价，真善美、假丑恶等）。

3. 尾批写在文章的末尾，是对文章整体的感悟、评价和思考。

（1）感想式尾批。

如果一个人用心去读文章，就一定会有或深或浅的感想。感想式的批注不仅能帮助读者深入理解文本，把握文章主旨，还有利于培养语感，这对写作也是相当重要的。如果坚持这样的读下去，我们相信学生一定会学有所感、学有所悟、学有所得。

（2）联想式尾批。

阅读教学的一个重要任务就是培养学生的联想能力，让他们能够由此及彼，能够自觉地由文本迁移到文外。这种阅读方法有助于学生知识的迁移、信息的归类整合。做到触类旁通，真正把知识学活，内化成自己的能力。

（3）评价式尾批

要发挥学生的主体地位，充分尊重他们的阅读体验，允许并提倡他们对阅读材料作出或褒或贬的评价。

（4）补充式批注

让学生顺着作者的思路，依照作者的写法，接着为作者补充，即仿写、续写。它能活跃学生的思维，打开学生的视野，让学生学习作者的写作方法，快捷地提高写作能力。

（四）以写促思，深读散文

读完整本书后，指导学生写读后感，可以对作家的写作风格、写作角度、故事内容、主题进行整体评价和思考，还可以联系生活实际谈谈自己的感受。

读后感重在"感"，即重点写自己读后产生的感想、思考、评价以及联，这才能体现自己的独创，而文章的主要内容只需简要写出，无须长篇大论地引用摘录。如果用百分比来划分，"感"大概应占全文的七成以上，"读"最好不超过全文的三成。

但是，"读"和"感"不能生硬地排列，很多学生在写读后感时，总是先写这本书的主要内容，再谈谈自己的感想，连过渡语都是一样的："读了这篇文章，我不由地想到了……"这样的读后感缺乏新意。我们提倡"读感结合"，夹叙夹议交叉进行。怎么操作呢？方法很简单，可以在介绍了文章内容以后谈谈自己的感想，又在谈感想发议论的同时回到文中去印证；可以使用自然的过渡语，如"文中讲了一个……故事（主要内容介绍)……读到这里我想起了……正如文中父亲所说……在我们的生活中不乏这样的例子……"当然,这仅仅是一种过渡方式,在具体行文时,要根据实际的情况进行调整,使读和感自然过渡,紧密结合。

要把"感"写饱满、生动,一定要虚实结合:所谓"虚",就是作者的抒情、感慨、评价、赞叹等;所谓"实",就是具体的事例。一篇读后感如果全是作者的抒情感慨,就显得空洞,如果全是事例的堆积,就少了灵动和文采。

事例来源很多,可以是自己的亲身经历,也可以是他人的故事,甚至动植物、自然现象都可以成为例证,还可以引用报刊、书籍、传统习俗、名人名言。总之,读后感的事例,考的就是学生旁征博引的能力、思维的广度和深度。

(五)集"思"广益,享读散文

我们可以采取多种形式开展读书分享会,组织美文朗诵会,小组阅读交流、优秀读后感汇报等等,在分享的过程中学生的思维得到碰撞。让书香弥漫孩子的心田。

(成都高新区锦城小学　李沙)

第四章　乐群学堂之"智趣数学"

第一节　"智趣数学"概述

一、什么是"智趣数学"

（一）数学是有趣的

数学本身就是"有趣"的，主要体现在三个方面：数学学科逻辑本身是充满趣味的，思考解答有一定难度的数学题的过程是趣味无穷的，数学与现实生活世界之间的关系更是趣味横生的。

（二）"智趣数学"

智，是智力、智慧、智能。数学知识的理解、方法的提炼、思想的感悟、思维的提升无不是"智"的体现。数学课程的目标主要是提升数学思维能力，掌握数学思想方法，进而发展智力，开启智慧，提高智能。

趣，是兴趣、乐趣、情趣、志趣。数学课程要让学生获得学习数学的乐趣、情趣、志趣，更要让学生领略到数学内在的奇趣、妙趣、理趣。数学学习重在对数学知识深刻理解后的"知之趣"。

"智趣数学"旨在追求"智从趣生，趣由智始，智趣共生"的境界，使学生在趣学、悦享、善思、活用的学习过程中提升数学素养，在活动中学习，有品质地成长，由感官满足的浅层"兴趣"上升到理性思考的深层"智趣"。

1. "智趣数学"：趣学

玩中学习，主动探究。兴趣是最好的老师。数学学习是有趣味、有挑战的，要增强学生学习数学的兴趣和学好数学的信心。"智趣数学"通过把有趣的数学分享给学生，促使学生主动参与并积极探究，再对知识进行内化和建构，使学生在玩数学的过程中，形成良好的数学素养，激发学生数学学习的积极性。

2. "智趣数学"：悦享

悦人悦己，乐于分享。分享不只是听、说，而是在思考中辨析，在表达中分享。学生间的相互协同、合作、碰撞，生成智慧。"智趣数学"让学生积极主动地参与数学学习活动，敢表达、敢质疑、尊重他人、成就他人，享受数学学习带来的快乐体验，提升其相应的合作交往能力。

3. "智趣数学"：善思

独立思考，善于思辨。思考能力是最核心的学习能力，在思考中辨析，把外在的知识转化为内在的知识，这才是有意义、有价值的学习。"智趣数学"始终把培养学生思考的能力放在首位，让学生经历阅读、分析、判断、推理等数学学习过程。只有在思辨中发展，其思维才变得有广度、有深度、有活力。

4. "智趣数学"：活用

学有所得，灵活应用。让"数学知识生活化""生活问题数学化"，这是我们一直在追求的一种学用交融的境界。"智趣数学"注重培养学生将学习所得融合、内化、迁移的能力，从而将能力灵活自如地运用到现实生活中，体会应用数学价值的同时发展其创新能力。

二、"智趣数学"内容体系

"智趣数学"课程结构采用"1+4"模式，其中"1"指的是基础性课程，"4"指的四类"数学+"课程，以基础性课程为中心，向阅读、活动、生活、主题四个方向延伸，其中"数学+阅读""数学+活动"是基于数学学科的拓展性课程，"数学+生活""数学+主题"是以数学学科为主的跨学科拓展性课程。

"智趣数学"包括基础性课程和拓展性课程。基础性课程是课程实施的重心，拓展性课程是以"数学+"的形式对基础性课程的延伸、补充、拓展和整合，两者共同构成多元立体的数学学科课程（见表4-1）。

表4-1 "智趣数学"课程内容体系

	基础性课程	数学+课程（拓展性课程）			
		数学+阅读	数学+活动	数学+生活	数学+主题
面对群体	全体学生	全体学生（分层分类）			
课程特点	注重学科的核心知识与思想方法	提升阅读素养，扩大知识面，扩充学科领域的深度和广度			注重数学与生活的联系，强化实践、探究、创新
课程宗旨	获得"四基"，培养科学能力和态度	以丰富的数学学习方式认识、感悟、理解和应用数学，为后续的数学学习提供帮助			体会数学与自然及人类社会生活的密切联系，多学科融合，体会数学的价值和魅力
课程内容	按照国家课程标准，北师大版教材及其配套材料	绘本阅读和创作 快乐二十四点 数独游戏 ……			旅游方案 生活中的桥 设计游戏规则 ……
教师行为	按照课程纲要，整合课程	开展数学绘本阅读等相关活动课程			结合数学知识开发数学+生活、数学+主题的课程
教学形式	常态课	阅读课、兴趣班			社团活动、数学节活动
评价形式	笔试、口答	笔试、展演、比赛等			成果展示

1. 基础性课程

基础性课程是面向全体学生并以北师大版小学数学教材为教学媒介实施的国家课程。在基础课程的各学段中，安排了四个部分的课程内容："数与代数""图形与几何""统计与概率""综合与实践"。基础课程的实施应以具体的教学内容为根据，注意使学生在获得间接经验的同时也能够获得直接经验，即从学生实际出发，创设有助学生自主学习的问题情境，引导学生通过实践、思考、探索、交流等活动，获得数学的基础知识、基本技能、基本思想、基本活动经验，促使学生主动地、富有个性地学习，不断提高发现问题、提出问题、分析问题和解决问题的能力。学校针对基础性课程进行知识模块重组、内容合并与增删以及专家评估，为学生接受拓展性课程提供保障。

2."数学+"课程

目前我校"数学+"课程分为四大类拓展性课程,共设24门课程,这些课程分层分类,学生可根据自身学习水平以及学习兴趣进行选择。为了帮助学生提高数学阅读能力,认识、感悟、理解和应用数学,积累分析问题和解决问题的基本经验,并迁移到后续的数学学习中去,我们开设了基于数学学科的"数学+阅读""数学+活动"课程。为了培养学生的应用意识,培养收集信息、处理信息、整合信息的能力,改善学生数学学习方式以谋求未来终身学习,提升数学对社会需求的主动适应性,我们开设了以数学学科为主的"数学+生活""数学+主题"跨学科课程(见图4—1)。

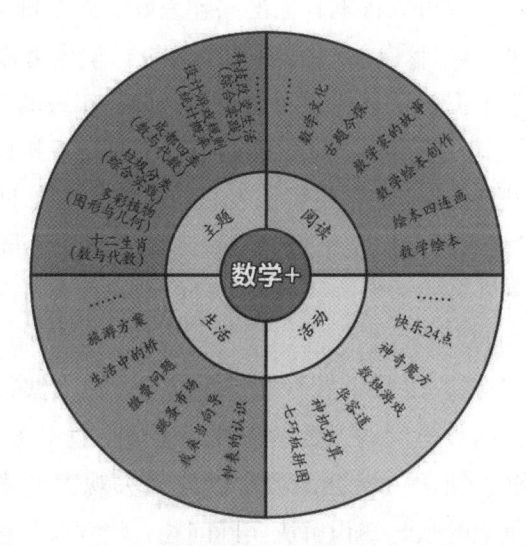

图4—1 "数学+"课程体系示意图

(1)数学+阅读

"数学+阅读"课程是基于学生思维特点进行建构的,能够使学生更好地接纳数学,学习数学的同时提高数学阅读能力。因此,我校在所有年级均开展了数学阅读课程"数学绘本""绘本四连画""数学绘本创作""数学家的故事""古题今探""数学文化"等。每周一节数学阅读课,让学生领会数学知识和思想方法,体验数学文化,发展数学思维。

我校学生还运用自己的数学知识,结合生活经验,创编了自己的数学绘本,受到广大师生的喜爱,绘本成果集《绘数学——成都高新区锦城小学原创绘本集》就是已出版的成果之一。三年级数学组原创了锦城小学绘本人物锦锦和城城，以三年级上册数学知识为基础，创编了一本与教材同步的绘本故事集。

（2）数学＋活动

"数学＋活动"课程以活动为主要实施形式，致力培养学生数学的基本思想——数学抽象的思想、数学推理的思想、数学建模的思想，为学生的后续学习打下基础。一年级"七巧板拼图"注重图形直观，让学生了解抽象图形的基本特征；二年级"神机妙算"借助直观模型（数形结合）抽象出算式，使学生理解算理；三年级"华容道"、四年级"数独游戏"、五年级"神奇魔方"通过游戏活动培养学生的逻辑推理能力、抽象概括能力等；六年级"快乐 24 点"提高学生的运算能力、解决问题的能力。

每个活动课程学生可以根据自己的兴趣爱好选课走班，同时我们还根据学生的思维水平，设计了 A、B、C 三个等级，学生可以自主选择参与的难易程度，为学生提供了选择学习的机会。如一年级的活动课程是"七巧板拼图"，分设三个子课程"神奇七巧板""七巧板拼图""七巧板制作"，作为选修课进行开设，学生可以发挥自主权；又如四年级"数独游戏"，根据学生思维水平，按空格数、数独形状、解法不同而设置 A、B、C 三个等级，方便更多的学生选择适合自己的学习内容。

（3）数学＋生活

"数学＋生活"课程以数学教材知识为基点，以实践探究的形式，解决生活中真实存在的数学问题。数学来源于生活，也服务于生活。"数学＋生活"课程主要引领学生学会用数学的眼光去观察、读懂生活中的数学，并学会运用所学的数学知识解决实际问题，培养学生解决实际问题的能力，体验数学的价值与魅力。如四年级的"缴费问题"，涉及生活中水费、电费、气费、车费、电话费等多种费用问题，再结合生活实际情况进行数学抽象，建立数学模型。

（4）数学＋主题

"数学＋主题"课程是"数学＋生活"课程的进一步提升，是跨学科融合的课程，以项目制的方式来开展，以六个主题为线索，多学科融合，把数学学科与其他学科的知识点进行组合，建立联系。它改变了传统的数学学习方式，强调学生对活动过程的亲历、参与和体验，激发学生的应用、创新意识，培养学生综合运用所学知识的能力。如三年级开展"垃圾分类"主题活动，垃圾分类是当下的一个社会热点话题，什么是垃圾分类、垃圾分类的好处、垃圾如何分类等问题都值得学生学习、探讨。解决垃圾分类中的数学问题是一个多学科综合运用的过程，一方面培养学生收集信息、处理信息、应用信息的能力，另一方面也能更好地激发学生的创新意识。

三、"智趣数学"形式体系

（一）基本样态

在"小学数学乐群学堂"实践研究中，我们逐步形成了"个体独学、小组合学、师生共学、总结拓学"四环节为主的基本教学样态（见图4－2）。

图4－2 "乐群学堂"基本教学样态图

（二）创新样态

我们以"四环节"为基本样态，鼓励教师根据不同年级、不同课型、不同知识模块细化创新，衍生出"小学数学乐群学堂"基本样态下的创新形式和多元方法。

1. 增添式：根据教学内容的需要，可以在基本操作模式上进行增添和循环，并将学习时间从课堂向课前、课后延伸。例如计算课教学时，除基本范式之外，在课前、课后添加了前置学习和拓展学习，将小组合学和师生共学在方法提炼和评价修改中进行了增添和循环（见图4－3）。

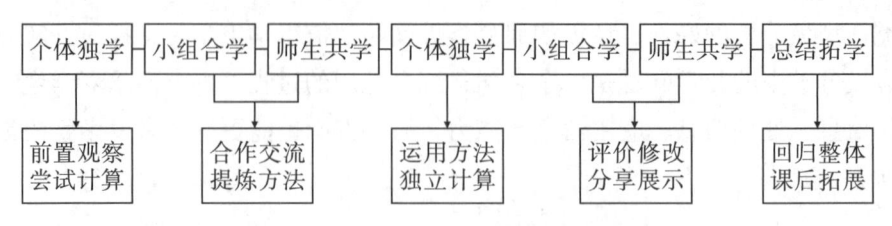

```
个体独学 → 小组合学 → 师生共学 → 个体独学 → 小组合学 → 师生共学 → 总结拓学
   ↓           ↓                      ↓           ↓                      ↓
前置观察    合作交流              运用方法    评价修改              回归整体
尝试计算    提炼方法              独立计算    分享展示              课后拓展
```

图 4-3 增添式——计算课教学示意图

2. 删减式：根据课型和教学内容的需要，在基本操作模式的基础上，可以进行一些环节的删减，如低年级数学课上的绘本教学，因为学生在课前已经自主阅读了绘本，在课堂上取消"个体独学"环节，直接进行后面环节（见图4-4）。

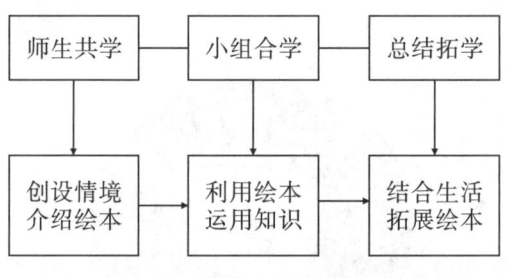

```
师生共学 → 小组合学 → 总结拓学
   ↓         ↓          ↓
创设情境   利用绘本   结合生活
介绍绘本   运用知识   拓展绘本
```

图 4-4 删减式——数学绘本课教学示意图

3. 结合式：每节课的流程不必完全按照基本操作模式分得过于清楚，可以按需有机结合（见图4-5）。比如一年级识数教学，针对一年级学生学习能力处于依赖型阶段，我们在"个体独学"环节将学习主体进行了结合，以学生的自主识数为主，以教师的创设情境为辅，形成师生、生生间的一体共学式。

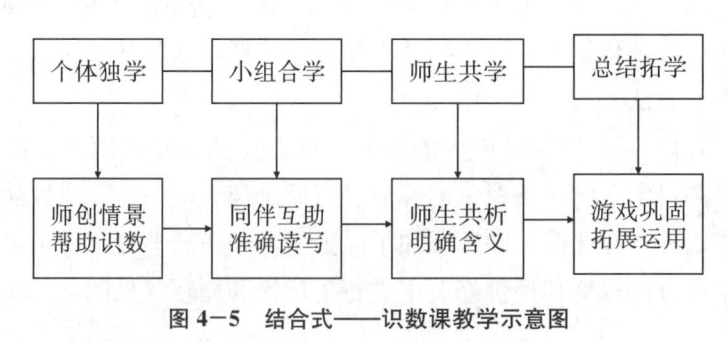

```
个体独学 → 小组合学 → 师生共学 → 总结拓学
   ↓         ↓          ↓          ↓
师创情景   同伴互助   师生共析   游戏巩固
帮助识数   准确读写   明确含义   拓展运用
```

图 4-5 结合式——识数课教学示意图

四、"智趣数学"评价体系

传统的课堂学习评价单一，一张试卷定优劣。这样的评价模式显然难以适应新时代的教育教学改革，不利于学生的全面发展。我校数学教研组致力学生数学乐群品质的发展，基于此，我们以"群"的方式对评价体系进行了优化和完善，建立了"效果评价群"。纵向上分学段进行自评、互评、家长评、教师评，强调多元评价主体。横向上注重过程性评价与总结性评价相结合、定性评价与定量评价相结合，以期发挥评价的导向功能、激励功能、诊断功能、监督功能、管理功能等，使学生的学习过程可视化，避免学校教学过程呈黑盒子倾向。表4－2、4－3、4－4是我校的学生数学学习评价表，分为学习习惯、学习能力和乐群品质三个维度。

表4－2　数学（低年级段）学习评价表

评价项目		评价内容	评价方式及等级 A. 优 B. 良 C. 合格 D. 不及格			
			上期		下期	
			自评	他评	自评	他评
学习习惯	课前准备	1. 课堂所需学具能准备好。				
		2. 导学单能认真完成。				
	课堂学习	1. 上课能认真听老师讲课。				
		2. 上课能积极举手表达自己的想法。				
		3. 上课能认真倾听其他同学的发言。				
		4. 上课能够对同学的发言提出质疑。				
	课后复习	1. 课后能完成老师布置的任务。				
学习能力	计算能力	1. 能在规定的时间内完成给定的计算题。				
		2. 计算正确率能达到85%。				
	知识掌握情况	1. 能正确掌握教材上的知识点。				
		2. 能举一反三地解决数学问题。				
	发散思维能力	1. 课堂上能对老师提出的灵活性强的问题进行积极思考，并能够大胆表达自己的想法。				
		2. 课堂上能提出灵活性较强的问题。				

续表

评价项目		评价内容	评价方式及等级 A. 优 B. 良 C. 合格 D. 不及格			
			上期		下期	
			自评	他评	自评	他评
乐群品质	悦身心	1. 悦己：自己相信自己，敢表达，敢质疑。				
		2. 悦人：在学习与交往活动中，能够尊重他人，有礼貌地对待老师和同学。				
	会合作	自信地与同桌合作：认真地倾听，清晰地表达，礼貌地交流。				
	善思辨	思维有广度：生成多元、举一反三。				
期末评价						
学期总评						

表4-3 数学（中年级段）学习评价表

评价项目		评价内容	评价方式及等级 A. 优 B. 良 C. 合格 D. 不及格			
			上期		下期	
			自评	他评	自评	他评
学习习惯	课前准备	1. 自觉准备好数学书、练习本、学习用具。				
		2. 预备铃响，安静等候老师上课。				
	课堂学习	1. 认真倾听，专注老师、同学的讲解和演示。				
		2. 能通过倾听和观察产生思维上的互动，能用自己的语言有条理地解释和表述所学知识。				
		3. 能主动进行分享、质疑、补充。				
		4. 能对整堂课的学习内容进行梳理和总结。				
	课后复习	1. 课后能完成老师布置的任务。				
		2. 每天能及时纠错巩固。				

续表

评价项目		评价内容	评价方式及等级 A. 优 B. 良 C. 合格 D. 不及格			
			上期		下期	
			自评	他评	自评	他评
学习能力	理解	1. 学会同一内容的不同理解方式，尊重他人思维方式的独特性和多样性。				
		2. 能独立思考，并积极与他人分享自己的独特理解方式。				
	认识	用数学的方式认知世界。				
	操作	1. 能通过举例、解释、描述、联想等方式，积极参与数学活动。				
		2. 会通过学具操作、画图列表来解决数学问题。				
	运用	1. 运用数学综合知识，将数学生活化。				
		2. 正确判断自己的解题过程。				
		3. 会准确地提出数学问题，对不懂的地方或不同的观点有质疑的意识和独立解决问题的能力。				
乐群品质	悦身心	悦己：自己喜欢自己，能成功，能失败。				
		悦人：在学习与交往活动中，能够赞赏他人，真诚地欣赏和赞美同伴。				
	会合作	自如地在小组中合作：充分地探究，不断地完善，合理地调控。				
	善思辨	思维有深度：条理清晰、严谨缜密。				
期末评价						
学期总评						

表 4-4 数学（高年级段）学习评价表

评价项目		评价内容	评价方式及等级			
^^^	^^^	^^^	A. 优 B. 良 C. 合格 D. 不及格			
^^^	^^^	^^^	上期		下期	
^^^	^^^	^^^	自评	他评	自评	他评
学习习惯	课前准备	1. 自觉准备好数学书、练习本、学习用具。				
^^^	^^^	2. 预备铃响，安静等候老师上课。				
^^^	课堂学习	1. 认真倾听，专注老师、同学的演示，能通过倾听和观察产生思维上的互动。				
^^^	^^^	2. 能用自己的语言有条理地解释和表述所学知识。				
^^^	^^^	3. 积极举手发表自己的想法，提出不同的意见或问题，能主动进行分享、质疑、补充。				
^^^	课后复习	1. 能及时对当天的作业或试卷进行改错，分析错因。				
^^^	^^^	2. 有效认真地完成作业，正确率高。				
学习能力	计算	1. 能正确熟练地计算和估算，灵活巧算。				
^^^	^^^	2. 熟记常用数据，提高计算速度。				
^^^	思维	1. 有一定的推理、交流、反思、综合能力。				
^^^	^^^	2. 举一反三、灵活应用所学知识解决实际问题的能力。				
^^^	空间	1. 有较强的动手操作能力。				
^^^	^^^	2. 有良好的空间想象力。				
^^^	语言	1. 能条理清晰地叙述算理、计算方法、数学概念、法则以及公式的来源。				
^^^	^^^	2. 说出自己对某一问题的分析过程，解题的思路、方法，对自己的推理和想法进行合理地解释。				
乐群品质	悦身心	1. 悦己：自己成就自己，会适应，会调节。				
^^^	^^^	2. 悦人：在学习与交往活动中，能够成就他人，诚恳地帮助同伴获得幸福感。				
^^^	会合作	自主地在群体中合作：主动地承担，密切地协作，机智地应变。				
^^^	善思辨	思维有活度：辩证统一、求异创新。				
期末评价						
学期总评						

第二节 "智趣数学"典型教学设计

教学设计 一

"圆的复习"教学设计
——2018 年全国"醍摩豆杯"智慧课堂创新个人赛特等奖课例

一、基本信息

学校	成都高新区锦城小学		
课名	圆的复习	教师姓名	吴秋菊
学科（版本）	小学数学（北师大版）	章节	第一单元
课时	第一课时	年级	六年级

二、教学目标

1. 用思维导图梳理圆的知识，回顾周长和面积公式的推导过程，查漏补缺。
2. 巩固测量和计算圆的周长与面积的方法。
3. 解决圆的相关实际问题。

三、学习者分析

六年级的学生已经具备一定的整理和复习能力，其自我意识正在觉醒，更希望通过自主学习来获取知识。在小组合作中也能更多地关注他人，在小组中取长补短，小组合作学习的效果也逐渐提升。

四、教学重难点分析及解决措施

1. 梳理知识，巩固计算周长和面积的方法是本课的一个重点。本课中充分运用了新技术的交互功能，逐步形成了知识网络。课前学生独自整理→小组交流中红笔补充→各小组择优上传→全班再优中选优→全班赏析与交流→再次完善与补充→形成知识网络。巩固计算方法是基于大数据统计下的智慧推送，根据学生学习水平推送不同的学习材料，真正落实分层教学。根据环节（二）"基础过关"中学生的完成情况，给各小组推送不同的学习材料，真正落实分层教学，学生再把完成情况"飞递"给教师，展示给全班观摩，全班同学进行评价。对分层学习的效果进行反馈和交流，使用不同材料的内容供全班同学学习，所有的学生都得到了进一步的发展。

2. 面积公式推导过程中的圆和长方形周长的变化是一个难点。运用新技术的差异化推送，可以根据学生的学习情况来实现真正意义上的分层教学。根据学生对第 7 小题的完成情况，给各小组推送了不同的学习材料。正确率 75% 以上的小组不推送学习材料，让组内会的同学教不会的同学；给正确率 50% 的小组推送学习材料 1，把圆面积公式的推导过程用图形来表示，给学生思考提供了帮助；给正确率低于 50% 的小组推送学习材料 2，不仅把圆面积公式的推导过程用图形表示出来，还把关键部分都用红笔标出，提醒学生进行比较。

五、教学设计

教学环节	环节目标	教学内容	学生活动	教学媒体的作用及分析
（一）知识梳理	回顾知识形成的过程，整理完善，形成知识框架体系。个体独学小组合学	1. 师：今天我们进行圆的知识梳理。 2. 师：思维导图可以帮助我们清晰掌握学习内容，方便记忆与理解，形成知识网络。现在请拿出你们的思维导图，用它来帮助大家整理知识。 **版块一 知识梳理** 温馨提示： 1. 按顺序交流思维导图。 2. 用红笔补充。 3. 择优拍照上传。 4. 时间3分钟。 3. 小组交流。 4. 各小组推选一幅思维导图拍照上传。 5. 学生对六幅作品进行评价，并投票选出自己最欣赏的。 6. 推送票数最多的给各小组。 7. 请学生分享自己的收获，其他同学进行补充。	1. 小组交流，红笔补充。 2. 各小组推选一幅思维导图拍照上传。 3. 学生对六幅作品进行评价，并投票选出自己最欣赏的。 4. 推送票数最多的给各小组。 5. 学生分享自己的收获，其他同学进行补充。	新技术的交互功能，实现了知识网络的逐步形成。 小组交流中红笔补充 ↓ 各小组择优上传 ↓ 全班再优中选优 ↓ 全班赏析与交流 ↓ 再次完善与补充 ↓ 全班形成知识网络

续表

教学环节	环节目标	教学内容	学生活动	教学媒体的作用及分析
(二) 基础过关	复习巩固基础知识，以选择题的形式让学生熟记一些基础知识和计算方法。 个体独学 师生共学	**版块二 基础过关** 温馨提示： 1. 独立思考。 2. 按时完成。 3. 可以在练习本上计算。 1. 教师出示七道选择题，让学生作答。 2. 作答后及时统计，以柱状图或饼图呈现答对和答错的比例。 3. 让答对或答错的学生说明作答理由，全班评价。 4. 第7小题，根据学生的完成情况推送不同的辅助材料。 学习材料1 观察：拼成的长方形与原来的圆之间有什么联系？ 学习材料2 观察：拼成的长方形与原来的圆之间有什么联系？ 5. 各小组学习分数汇总。	1. 学生用IRS即时反馈器作答选择题。 2. 学生说明作答理由，全班学生评价。 3. 学习教师发送的不同学习材料，重新作答。	1. 精准定位学生问题及问题学生。"即问即答"功能可以显示每一位学生的答案，"统计图"以柱状图或饼图呈现答对和答错的比例。 2. 大数据统计真正落实分层教学。 第7小题，根据完成情况推送不同的学习材料。正确率75%以上的小组不推送，让组内会的同学教不会的同学；给正确率50%的推送学习材料1，正确率低于50%的推送学习材料2。

教学环节	环节目标	教学内容	学生活动	教学媒体的作用及分析
（三）综合运用	用大数据统计各小组环节（二）的得分，以此为依据来推送不同难度的学习材料，实现分层教学。 小组合学 师生共学	**版块三 综合运用** 温馨提示： 1. 独立作答4分钟。 2. 小组讨论2分钟。 3. 将最终答案完成在平板上，上传到工作区2。 1. 根据环节（二）各小组的分数，推送不同难度的学习材料。 **练习一** 1. 一个圆形水池的半径5米，在水池周围又修了一条1米宽的环形小路，这条小路的面积是多少平方米？ 2. 一只大钟，分针长60厘米。 （1）从中午12时到下午1时，分针的尖端走了多少厘米？ （2）从下行1时到下午2时，分针扫过的面积是多少平方厘米？ 3. 在推导圆的面积公式时，将圆等分成若干份，拼成一个近似的长方形，已知长方形的周长比圆的周长多6厘米，圆的面积是多少平方厘米？ **练习二** 1. 一个圆形水池的直径是10米，在水池周围又修了一条1米宽的环形小路，这条小路的面积是多少平方米？ 2. 一只大钟，分针长60厘米。 （1）从中午12时到2时，分针的尖端走了多少厘米？ （2）从下行1时到下午4时，分针扫过的面积是多少平方厘米？ 3. 在推导圆的面积公式时，将圆等分成若干份，拼成一个近似的长方形，已知长方形的长比宽多6.42厘米，圆的面积是多少平方厘米？ 2. 学生自主完成，小组讨论后飞递给老师。 3. 讲评练习一，组内外补充。 4. 讲评练习二，组内外补充。	1. 接收老师的材料。 2. 完成练习。 3. 小组讨论。 4. 飞递小组作业给老师。 5. 汇报作业，组内上补充。	大数据下的差异化推送，实现了分层教学。 得分排名1～3的小组推送难度较大的练习二，得分排名4～6的小组推送难度较小的练习一。 新技术能在数据统计中更好地调动学生学习的积极性和主动性。 讲评作业时用到了"抢权"和"计分板"功能，使每个学生积极主动地发现自己的问题并改正。

续表

教学环节	环节目标	教学内容	学生活动	教学媒体的作用及分析
（四）拓展运用	拓展运用知识。师生共学	○ 版块四 星级挑战 温馨提示 • 1. 自己选题，独立完成。 • 2. 时间3分钟。 • 3. 随机抽人拍照上传。 1. 星级挑战：根据自己的实力选择挑战等级。 计算下面图形阴影部分的面积。 (1)★　(2)★★　(3)★★★ 6厘米　6厘米　6厘米　4厘米 2. 师生互评。 3. 根据挑战等级完成情况给各小组加分。	1. 学生自主选题，独立完成。 2. 随机挑到的学生拍照上传。 3. 师生互评。 4. 汇总小组内的得分。	运用新技术既能调动学生积极性，又能精准公平地进行评价。学生自主选择题目难度，给了学生选择的权力。新技术教学设备的"即问即答""统计图""智慧挑人"等功能随机地选出符合条件的学生作答，精准又公平。
（五）	总结拓学	你有什么收获？有什么疑问？	总结汇报	调动积极性

五、教学流程图

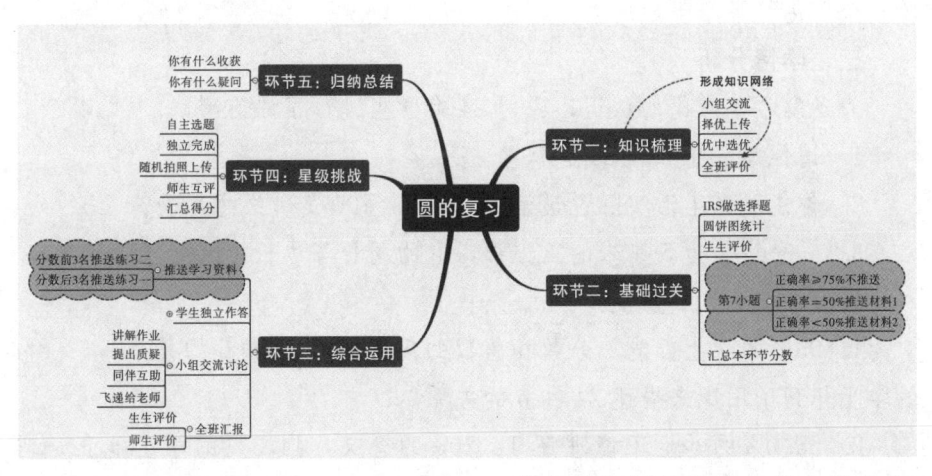

（成都市高新区锦城小学　吴秋菊）

教学设计 二

"生活中的比"教学设计
——2018年全国"醍摩豆杯"智慧课堂创新团队竞赛一等奖课例

一、基本信息

学校	成都高新区锦城小学		
课名	生活中的比	教师姓名	林江
学科（版本）	小学数学（北师大版）	章节	第六单元
课时	第一课时	年级	六年级

二、教学目标

知识与能力：使学生在具体情境中理解"比"的意义。

过程与方法：使学生在活动中培养分析、综合、抽象、概括能力，在解决实际问题的过程中，感受"比"在生活中的广泛存在。

情感态度与价值观：在解决实际问题中，感受"比"存在的价值，体验黄金"比"带给生活的美。

三、学情分析

为了解学生对比的认识，我对24名学生进行了课前测试：

1. 请你想一想6和24有哪些关系。
2. 你能联系生活实际说说消毒液中1：200是什么意思吗？
3. 一个边长为5厘米的正方形，它的周长与边长的比是（　　　）。

通过课前测试我发现：

1. 95%的学生都能从分数和倍数的角度描述24和6的关系，32.8%的学生想到了用比来描述24和6的关系。

2. 55.7%的学生不能理解1：200的含义，44.3%的学生能正确理解，在这部分学生中有18%用具体数量解释1：200的含义，82%用份解释1：200的含义。

3. 62.9%的学生能够正确表示正方形周长与边长的比，这部分学生中有85%用4：1表示周长与边长的关系，有15%用20：5表示周长和边长的关系。41.2%的学生不能正确表示周长与边长的关系，在这部分学生中有47.8%把比的顺序写反了，52.2%不会。

学生在生活中已经接触或使用过比，并有一些相关的活动经验。但学生对比的理解仅仅停留在形式上，一部分学生对比有基本的概念，但对具体数量的比与份数的比之间的关系不是很明确，有的学生没有关注比的顺序。

四、教学重难点分析及解决措施

教学重点：通过丰富的数学资料，丰富学生对比的认识，让学生体会比的意义和价值。

教学难点：理解比的意义，体会比的价值。

1. 通过学情分析我了解到学生对比已经在知识上有了一定的认识，但还不够深入，只是从形式上知道，像3：2这个样子是比，对它的具体含义不是很明确，在教学中还应明确比的意义，理解同类量的比是在同一标准下的份数关系。

2. 比是另一种表示关系的方法，学生已经学过了分数、除法，为什么还要学比呢？比的价值到底在哪里？在比的认识这一课的背后我们还能为学生以后的学习做些什么？也是值得探讨的。

五、教学设计

教学环节	环节目标	教学内容	学生活动	媒体作用及分析
（一）创设情境，引入新课	课堂教学情景的创设是为了激发学生的学习积极性，让学生在与自己生活环境、已有知识经验密切相关，感兴趣的学习情境中，通过自己的观察、操作、交流等活动掌握必要的基础知识和基本技能并获得积极的情感体验，对引导学生有效地进行数学学习有重要的作用。	师：同学们，星期六，老师到超市去买蜂蜜，促销员这样告诉我。我请一个同学把促销员说的话读一读。（一份蜂蜜，加配8份温开水，搅拌均匀后，甜度适中，适合大多人的口味。）再请一个同学读一读。老师回家按照这个要求配置了一份蜂蜜水，效果真的不错。你能说出蜂蜜和水之间的关系吗？算式：8/1=8，解释一下，什么意思？（水是蜂蜜的8倍，蜂蜜是水的八分之一。）我们一起来模拟一下，谁愿意来试一试？（师：我倒一份蜂蜜，加入8份水；我再倒一份蜂蜜，加入8份水。我连续倒3杯蜂蜜，连续加入24杯水。）算式：3/24=1/8，24/3=8。简简单单的算式，就把蜂蜜和温开水的关系表达得清清楚楚。	学生和老师互动操作，一份蜂蜜搭配8份温开水。	计分板加分，随机挑人。

续表

教学环节	环节目标	教学内容	学生活动	媒体作用及分析
（二）分析探究，初步感知	密切联系学生已有的生活和学习经验，设计一系列情境问题，给学生探究的空间，学生可以有不同的研究角度，但得到的结果是一样的。在此基础上抽象出比的概念，使学生理解比就是描述两个量之间的倍数关系的数学方法，体会引入比的必要性以及比在生活中的广泛应用。在教学中，让学生以学习小组为单位，合作探究长方形的长与宽之间的关系，引导学生在交流中学会倾听，学会评价，学会鉴赏，让每位学生都参与其中，从而提高课堂学习效率。	师：同学们，今天老师想介绍一位朋友让大家认识一下，你们想知道他是谁吗？这位朋友由于今天也在上学，没来到我们的现场，但是老师带来了他的照片，我们一起来看看。 1. 出示教材第69页照片，引导学生观察：哪几张照片最像？师：为什么A和B、D很像呢？想知道原因吗？今天我们就来学习《生活中的比》。 2. 学生先独立思考，然后在小组内交流自己的看法。（教师向学生推送网格图。） 3. 学生分组讨论：每个图片的长和宽的关系。学生分组讨论后汇报，让学生体会到三个长方形的长都是宽的1.5倍，宽都是长的三分之二，所以它们比较像。	借助具体的情景，逐步引出比的概念。 陈述图片"像"的理由，就是找比的过程。 用测量数据来精确地描述，从而找出比的概念。	电子白板讲解，汇报，教师推送倒计时五分钟；教师巡视，作品观摩＋飞递＋随机挑组计分板加分，平板上传作品。

续表

教学环节	环节目标	教学内容	学生活动	媒体作用及分析
（三）建立模型，理解比的意义	教师让学生说一说生活中见过的比，并结合实际说说每个"比"的意义，目的是让学生感受到比在生活中的广泛应用，这样的安排，学生有思考，有活动，为学生理解比的意义提供了丰富的直观背景。既培养了学生运用所学知识解决问题的能力，又让学生在应用中体验到了学习数学的价值。引入比的概念后，教师引导学生思考，探究比与除法、分数的关系。并让学生明确：因为分母、除数不能为0，所以比的后项也不能为0的道理，使学生对比有了更加深刻的认识和理解。	师：同学们，我们用除法算式找到了蜂蜜和温开水的关系，我们在判断图片像不像时，也用除法算式找到了长方形的长和宽或宽和长的关系。 1. 归纳特征，揭示比的意义。 师：像1÷8，3÷24这样两个数相除，又叫作这两个数的比。教师引导学生探究比的意义。 师：在实际生活中，具有相除关系的两个数量进行比较时，都可以说成两个数的比。 2. 教授比的读写方法、各部分名称、求比值的方法。 师：在教材第69页"认一认"的内容里，有一些关于比的其他知识，你们想自己解决吗？学生自学教材，并与同桌交流学到了什么。 （PPT上出示自学要求。） 学生汇报，教师板书。 6∶4=6÷4=6/4=1.5 前项　比号　后项　比值 师：6/4是比的另一种分数形式，仍读作6比4。 3. 试一试，说一说。 ①甘蔗汁和水的体积比是1∶2，树高和影长的比是6∶3； ②路程和时间的关系； ③总价和数量的关系。	小组内讨论交流，思考总结比的概念，并汇报反馈。 小组内互相说一说比各部分的名称。 你知道什么是比值吗？ 用比的知识解释具体问题。 练习填表，并找出表中蕴含的数量关系，体会比与以前所学知识之间的联系。 利用多媒体课件出示表格，组织小组讨论，学生汇报，教师直接填表。 各类比赛中的比不是本节课学习的比，它只是一种计分形式，是比较大小的，是相差关系，不是相除关系。	白板+计分板加分，学生自学，倒计时两分钟。随机抽人回答，计分板加分。教师用手机拍照上传，学生汇报，计分板加分。学生完成题单，计时器，学生抢权，计分板加分，随机抽人。用统计图了解学生掌握情况。

续表

教学环节	环节目标	教学内容	学生活动	媒体作用及分析
（四）拓展应用，巩固新知	进一步理解比的含义	1. 你知道吗？（生活中的比） 2. 教你几招： ①做米饭时用的米和水的比是1：3； ②好喝的香蕉奶昔的做法：香蕉原汁的杯数与牛奶杯数的比是2：3。	巩固比的有关知识，让学生体验比在生活中的应用。	白板展示，随机挑人。
（五）实践应用，巩固深化	在具体情景中正确表示比	1. 根据信息写出比 正方形周长与边长的比是（　）， 正方形面积与边长的比是（　）。 2. 练一练 蒸包子用的面团，可以用面粉1000g，水 500g，干酵母4汤匙（10g），白糖10g和成。 ①写出面粉和水的质量比； ②再写出两个比。	通过练习，使学生更加深入地体会比的意义。	白板展示，随机挑人。
（六）数学万花筒	了解生活中的比	介绍黄金比和黄金分割。	体会比在生活中的应用和价值，丰富学生对比的价值的感知，激发学生对学习比认识比的兴趣。	白板展示。
（七）回顾反思：今天你学到了什么？	学生的收获和疑问	同学们独学认真、交流充分、展示精彩，特别是举的生活中比的例子非常丰富。可见，你们在生活中善于发现、挖掘数学，这点是难能可贵的。其实数学并不陌生，也不枯燥，只要我们把数学与生活多联系，就会感到数学很有趣、很有用。	回顾反思本节课的收获，你还有没解决的问题吗？	计分板加分。

（成都市高新区锦城小学　杜　江）

教学设计 三

"填数游戏"教学设计
——高新区第三届"领航杯"小学数学优质课竞赛一等奖课例

一、教学内容

北师大版小学数学一年级下册"填数游戏"。

二、学情分析

学生对 20 以内的数有了充分的认识，对物体的位置和方向也有了初步的了解，能够正确计算 100 以内不进位、不退位的加减法，对本课活动所涉及的内容有了相应的知识储备。

三、教学目标

1. 通过填数游戏，让学生积累推理的经验，初步提高学生分析推理的能力，培养学生缜密的思维能力，促进学生深度学习。

2. 体验与他人合作交流解决填数问题的过程，尝试回顾填数的过程，学会总结经验。

3. 在探索、尝试、交流等活动中，体会填数游戏的乐趣，激发学习数学的热情。

四、教学过程

（一）引入

教师引入故事——神奇的数字城堡（板书课题填数游戏）。

（二）探究

活动一：填写 3×3 表格

1. 个体独学：读懂游戏规则

教师出示表格，读游戏规则（课件出示游戏规则）。

1		
	1	
	2	1

游戏规则：（1）每个空格中只能填 1、2、3 中的一个数字。（2）每一行、每一列的数字不能重复。

2. 小组合学：理解游戏规则，探究问题

师：你明白游戏规则了吗？小组讨论，说一说！

生1：只能有1、2、3。教师追问：能不能填4、5？（不能）

生2：每一行、列的数字不能重复。教师追问：什么是行、列？能不能在一横行里填两个3？（不能）

师：同学们，请你们认真观察这个表格，小组讨论交流，有这么多空格，你想先填哪个空格呢？为什么？（停顿）

3. 师生共学：小组汇报交流，教师追问

生：我是从第2列的第一个空开始填，因为这一列有1和2了，还缺3，所以我填3。

师：除了这个空格还可以先填哪个空格呢？为什么？请告诉老师你观察的是哪一行/列？因为有了……还缺……所以填……

生：我是从第一列最下边的空开始填的，因为这一列有1和2了，还缺3，所以我填3。

师：咦！为什么既可以先填这个空格又可以先填那个空格呢？

生：因为它们所在的行、列只剩一个空格，很好确定填什么。

小结：填数时，我们可以从只有一个空格的那一行或者列开始填数。

4. 学会检查

设计意图：本环节分为两个层次进行：先让学生通过个体独学读懂游戏规则，再小组合学充分理解游戏规则并探究先填哪个空格，为什么。用语言的形式把思维路径体现出来，最后师生共学，进行多次追问，促进学生深度思考。

活动二：填写5×5表格

1. 师生共学：制定游戏规则

师：请认真观察这个表格，你认为这个游戏规则会是什么呢？

5	1			3
1	3			4
4	2		1	5
2		4	3	1
3	4	1		2

生：只能填1、2、3、4、5中的一个。

师：除此之外，还有呢？

生：每一行、列的数字不能重复。

2. 小组合学：探究问题

师：这个表格先填哪几个格子比较简单？为什么？请小组讨论。

教师巡视，收集学生的错误例子全班讨论。

3. 师生共学：小组汇报交流，教师追问

生：我会先从只有一个空格的那一行或者列开始填数，我观察的是第五行，因为有了1、2、3、4，还缺5，所以填5。

师：这三行都只缺了一个数，所以这三个位置都很容易推断出填几，那剩下的四个格子无论行还是列都缺两个空格，可以怎么填？为什么？

5	1			3
1	3			4
4	2	3	1	5
2	5	4	3	1
3	4	1	5	2

生：我们可以假设，观察第一行，已经有了1、3、5，还缺2、4，所以空格里可能依次是2、4或4、2，如下图：

5	1	4	2	3
1	3			4
4	2	3	1	5
2	5	4	3	1
3	4	1	5	2

(1)

5	1	2	4	3
1	3			4
4	2	3	1	5
2	5	4	3	1
3	4	1	5	2

(2)

但是第（2）种情况我们观察第三列有两个4，这不符合游戏规则，所以只能是第（1）种情况，那剩下的两个空格就好填了。

师：那如果我不是先填的第一行的这两个格子，我想先填其余任意两个格子又该填什么呢？为什么？

生：都可以用假设法，比如观察第三列，已经有了1、3、4，还缺2、5，所以空格里可能依次是2、5或5、2，如下图：

5	1	2		3
1	3	5		4
4	2	3	1	5
2	5	4	3	1
3	4	1	5	2

(1)

5	1	5		3
1	3	2		4
4	2	3	1	5
2	5	4	3	1
3	4	1	5	2

(2)

但是第（2）种情况我们观察第一行有两个5，这不符合游戏规则，所以只能是第（1）种情况。

小结：我们在不确定填什么的情况下既要横着看又要竖着看，做到不重复、不遗漏（板书）。

4. 进行检查

设计意图：本环节分为三个层次进行，先师生共学模仿制定游戏规则，再小组合学分享5缺1的填法，熟练用语言表达思维。重点把学生的思维训练放在5缺2处。小组合作交流剩下四个空格的填法，师生共学两个数的位置由不确定到确定，可能用到假设推理，也可能用到选择推理，这样多渠道、多角度地解决途径。学生的思维活跃、相互碰撞，动态体现学生填密思维的过程。

活动三：数字迷宫

1. 个体独学：读懂游戏规则

师：这一关给你们设置了五个陷阱，分别用五角星表示了出来，遇到它们的时候必须要填一个数才能过去。（出示迷宫图、读规则）谁来试一试？

游戏规则：从51到100按数字顺序走，只要遇到五角星就要填一个数才能通过。

62	85	86	90	91	94	92	95	100
63	★	87	88	89	90	★	94	99
60	83	82	81	80	81	92	93	98
59	60	61	64	79	94	93	96	97
58	69	62	79	78	77	94	★	94
57	★	63	64	65	76	77	96	95
57	55	54	55	66	★	74	93	96
51	52	53	68	67	69	73	98	97
52	54	54	69	70	71	72	99	98

2. 小组合学：理解游戏规则，探究问题

师：从入口51开始，右边和下边都有52，应该走哪边呀？为什么？这里有个五角星怎么办呢？请四人小组合作走迷宫，比一比哪个小组最先走完。走迷宫时遇到了哪些困难？哪个地方最容易走错？

3. 师生共学：小组汇报交流，教师追问

生：最容易走错的地方是92那儿，如果往右走，走到95就走不通了，所以我就往下走，就走通了。

师总结：所以走一步要多看几步。

设计意图：本环节分两部分进行，先个体独学读懂游戏规则，再小组合学理解游戏规则并探究教师的提问，师生共学对比讲评，学生对照答案改错。通过假设、选择推理选择路线，走一步看三步。在走迷宫的过程中，学生的思维如果不缜密就找不到正确的路径。

(三) 总结拓学：视频介绍九宫图

师：屈老师给大家介绍我国古代经典的一种数学益智游戏——九宫图（出示九宫图）。九宫图是我国古代一种特别有意思的数学名题，要求把1～9这九个数字填到方格中，使其纵横及对角线上的三个数之和都为15。

设计意图：通过介绍"九宫图"的历史、来源，渗透数学文化，介绍"九宫图"游戏的玩法，开阔了学生的视野，拓展了学生的思维，把学生的思维带到了更深的层次。

（成都高新区锦城小学　屈唯唯）

第三节　"智趣数学"教学实录

教学实录　一

在活动中乐学享学

——"包装的学问"教学实录

数学是一门严谨的学科，很多时候存在非此即彼的情况，部分学生对数学有着"枯燥、乏味"的刻板印象，然而数学又是极具趣味和美感并且应用十分广泛的一门学科。因此，如何培养学生的数学兴趣，如何引导学生灵活运用数学知识，成为广大数学教师的首要任务。我校提出的"乐群教育"理念，就是要培养学生"悦身心·会合作·善思辨"的特质，通过"个体独学—师生共学—小组合学—总结拓学"的教学环节，让学生乐在课堂、学在课堂，在课堂中合作提升。

一、走进生活，引出包装

师：昨天超市的王大爷跑来找杨老师，他说，有顾客给他提了一个建议，说超市卖的纸巾都是大包装的，一包里面有十几包纸巾，用不了那么多，可不可以出一些小包装的纸巾呢，比如两连包、三连包、四连包这样的。王大爷认为这个建议很合理，但又遇到了新的问题，他想知道小包装该如何包才最省包装纸。我们今天就一起来研究一下，帮王大爷解决这问题吧。

设计意图：数学来源于生活，也要服务于生活，课前创设超市需要出小包装纸的情境，既引出了学习主题和学习目的，又让学生明白自己学习的数学知识是可以用来解决生活中的实际问题，促使学生积极参与课堂。

二、操作感悟，探索规律

（一）展示一包纸巾——理解包装面积

1. 师：（出示一包纸巾）观察这包纸巾，它是什么形状？

生：长方体。

师：现在这包纸已经有一个外包装了，如果接口处不计，包装纸的大小是什么呢？

生：长方体的表面积

师：长方体的表面积公式是？

生：长方体表面积＝（长×宽＋长×高＋宽×高）×2

2. 教师展示这包纸巾的长宽高（7 cm、5 cm、2 cm），请学生算一算它的表面积。

生（列式汇报）：（7×5＋7×2＋5×2）×2＝118（cm²）。

设计意图：本环节的设置，主要目的在于让学生理解包装纸的大小与表面积的关系。由于本节课是在学习了长方体表面积较长一段时间之后才学习的，部分学生对长方体面积公式有所遗忘，因此，本环节同时帮助学生复习长方体的表面积公式，并迅速进入学习状态，为后面的计算做好铺垫。

（二）包装两包纸巾——探索发现规律

1. 师：如果要把两包纸巾合起来包装成一个大长方体，有几种包装方法呢？

学生动手操作后汇报展示（教师板书出来）：

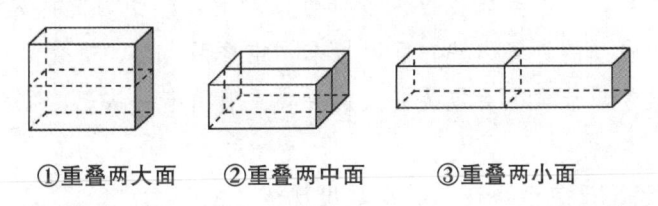

①重叠两大面　②重叠两中面　③重叠两小面

2. 师：这样两包纸巾合起来包装和一个一个分开包装，包装纸的大小有什么不一样的地方？

生：变小了。

师：节省了哪部分的面积呢？

生：重叠的两个面。

3. 师：两个合起来包装可以节省包装纸。仔细观察这三种包装，你认为哪一种包装是最节省的？

生（汇报）：方案①重叠了两个最大的面，方案②重叠了两个中等的面，方案③重叠了两个最小的面，由此得出：方案①是最节省包装纸的。

4. 师：我们的分析是否正确呢？动笔验证一下吧，请拿出《学习记录卡1》，分别计算这三种方案用了多少包装纸。

生（汇报计算过程）：

生1：把两包纸巾看作一个整体，用表面积公式求：

方案①的包装面积是 $(7×5+7×4+5×4)×2=166$ （cm^2），

方案②的包装面积是 $(7×10+7×2+10×2)×2=208$ （cm^2），

方案③的包装面积是 $(14×5+14×2+5×2)×2=216$ （cm^2）。

生2：表面积之和减去重叠的面积：

方案①的包装面积是 $118×2-5×7×2=166$ （cm^2），

方案②的包装面积是 $118×2-7×2×2=208$ （cm^2），

方案③的包装面积是 $118×2-5×2×2=216$ （cm^2）。

师：你们看看，哪种方法更简单呢？

生：用表面积之和减重叠的面积更简单。

5. 师：从计算结果可以看出，重叠大面是最节省包装纸的，重叠小面是最不节省的，你发现了什么？

生（汇报并小结）：重叠大面，表面积最小。

设计意图：本环节内容相对简单，因此采用个体独学的方式，让学生在"想—拼—思—验"中，独立探索并发现规律。本环节需要注重对算法的汇报和讲解，让学生体会方法多样性的同时，感受简便计算的优越性，并逐步优化自己的计算方法。同时板书"重叠两大面、重叠两小面"这样的引导性文字，让学生对包装方式的种类更有清晰的认识，帮助学生做到有序寻找。

（三）包装三包纸巾——尝试运用规律

师：如果要把三包纸巾包成一个大长方体，有几种包装方法呢？请同桌合作交流。

生展示三种包法，分别重叠四个大面、四个中面、四个小面。

师：刚才我们找到包装两包纸巾的最节省方法，接下来不用计算，你能知道将三包纸巾包成一包，该如何包最节约包装纸吗？

生（回答并演示）：将四个大面重叠在一起的包装是最节省的。

设计意图：学习之后应及时练习和运用，本环节的设置就是为了让学生能够及时练习，加深对包两包纸及三包纸时不同情况的印象，同时让学生在操作中形成一定的空间观念和空间想象力。

(四) 包装四包纸巾——拓展深化规律

1. 师：要将四包纸巾包成一个大长方体，该怎样包装最节约包装纸呢？请四人一小组分工合作完成。

学习建议：

①四人一组分工，一名同学拼长方体，两名同学画草图记录，一名同学计算。

②计算前，思考是否需要把每一种方案包装纸的面积都计算出来。

③将学习成果记录在《学习记录卡2》上。

④完成后，思考能否简化你的计算。

2. 学生汇报展示六个方法（提示学生有序寻找）。

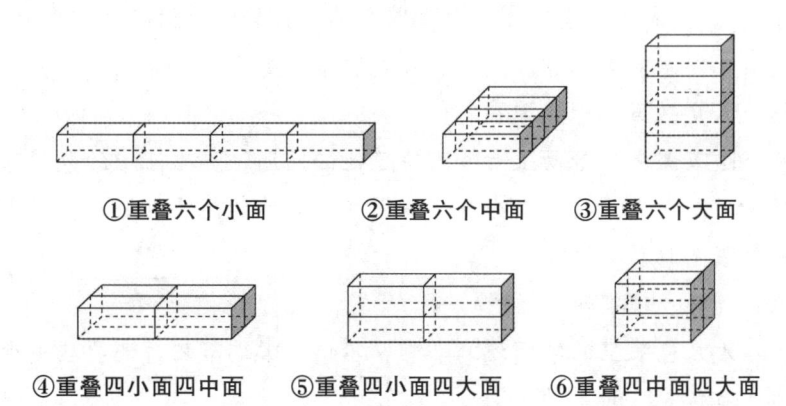

①重叠六个小面　　②重叠六个中面　　③重叠六个大面

④重叠四小面四中面　⑤重叠四小面四大面　⑥重叠四中面四大面

3. 师：以上六个方案，我们需要把每一种都计算出来吗？

生：不用，因为前三个方案里方案③重叠的面最大，最节省包装纸；而后三个中方案⑥重叠的面最大，最节省包装纸，所以我们只需要比较③⑥两种方案就可以了。

师：说得太准确了，那③⑥两种方案哪种包装方法更节省包装纸呢？我们只需要比较哪部分的面积？

生：比较重叠的面就可以了。

生（计算并汇报交流）：得出重叠六个大面的方案最节省包装纸。

4. 师：请同学们思考，是不是所有的包装都是只重叠大面最节省包装纸呢？

生（猜测）：应该不是。

师（提问）：有一盒牛奶长6cm，宽4cm，高10cm，请你算算包装四盒这样的牛奶，哪一种包装方法最节省包装纸？

生（计算并汇报）：重叠四大面四中面的方案最节约包装纸。

5. 师：从刚才的包装中，你发现了什么？

生（回答）：包装时，不仅要考虑大面重叠，还要考虑重叠面的数量以及各个面之间的大小关系，做到具体问题具体分析。

师（板书）：重叠的面越大，表面积越小，越节省包装纸。

设计意图：包装四包纸对学生来说难点有两个，一是找到所有的包装方式，二是准确计算并比较表面积的大小，因此采用小组合学的方式进行，让学生在合作中发挥自身优点并取长补短，共同完成。课中学生学习兴趣高涨，分工明确，激烈讨论并努力完成学习任务。值得注意的是，由于学生的思维方式不尽相同，所以在巡视过程中应注意提示学生"有序"和"分类"。同时对于没有掌握利用减少的面计算包装面积的这部分同学，课后还需要注意对其计算方法进行优化和强化练习。

三、人文教育，拒绝浪费

师：这节课我们帮助王大爷解决了他的问题，那生活中的包装除了节省之外，还要考虑哪些因素呢？请看图片说说你的想法（展示日常生活中的一些包装图片）。

生：美观、便携等。

师：看来包装里的学问还真多啊，不仅要考虑节省，还要从美观、便携、商业宣传等方面下功夫。

师：各种合理而又富有美感的包装可以给人们的生活带来便利和视觉上的满足，但是在我们的生活中也存在这样的包装（展示过度包装的图片），看完之后你有什么想法？

生：这样的包装太浪费了，我们不能一味地追求美观而铺张浪费。

设计意图：先展示日常生活中的包装图片，回扣主题"包装的学问"；在课堂上我们不仅要教会学生基本的数学知识，还要帮助学生树立正确的人生观、价值观，所以紧接着展示过度包装的图片，让学生明白浪费是可耻的。希望通过这样点点滴滴的渗透，让学生逐步成为有学识、有见识的社会主义接班人。

四、课堂总结，拓展延伸

师：这节课，我们研究了包装的学问，你有什么收获？

生1：我学会了如何计算包装纸的大小。

生2：我知道了包装不仅要考虑节约，还要考虑美观、便携等。

生3：我认为包装不能浪费，要发扬我们节约的传统美德。

师：今天我们主要是从"面"的角度去探究了包装的学问，其实包装中的学问还有很多，课后请同学们用你们明亮的双眼，看看能不能从其他的角度去探究一下包装中还藏着哪些秘密。

设计意图：让学生总结自己的收获，既是教师对学生学习情况的了解，也是学生对课堂知识的回顾。此外，本环节设置了一个开放性的课后问题，为学生提供一个新的方向，旨在鼓励学生自主思考和学习，形成系统的几何框架。

（成都高新区锦城小学　杨欢）

教学实录　二

精彩源于预设
——"确定位置"课堂实录

这节课要让学生学会在具体情境中体会确定位置的必要性，并能够主动探索确定位置的方法，能在方格纸上用"数对"确定位置，初步感受坐标系知识。通过形式多样的确定位置的活动，使学生在探索知识的过程中发展空间观念，并增强其运用所学知识解决实际问题的能力。感受确定位置的丰富现实背景，体会数学的价值，产生学习数学的兴趣。

为了达成以上目标，我设计了三个环节：第一环节是数学故事，抛砖引玉；第二环节是联系实际，运用数对；第三环节是拓展升华，开启思维。三个环节紧密联系，从探索到运用，再到拓展升华，层层深入、步步推进，使教学结构紧凑而且环环相扣，逐步达到本课的教学目标。

知识点分析
一、列和行的含义

理解列和行的含义：从上面的情景图中抽象出平面图，用一个符号表示一名同学。可以用列和行来描述同学们的位置，通常把竖排叫作列，横排叫作行。确定第几列、第几行的规则：一般情况下，确定第几列要从左向右数，确定第几行要从前向后数。按照这一规则，就能确定出是第几列和第几行了。

二、用数对表示位置

1. 用数对表示小兵的位置：小兵坐在第四列第三行，可以用数对（4，3）表示，小括号中的第一个数表示列数，第二个数表示行数。像（4，3）这样的一组数就是数对。

2. 数对的作用：用有顺序的两个数可以组成数对，数对可以表示一个确定的位置。

3. 数对的写法：书写时，用小括号把代表列数和行数的数或字母括起来，并用逗号隔开，如第五列第三行用数对表示是（5，3）。

4. 用数对表示平面图中物体的位置：用数对可以表示平面图中物体的位置，数对中的第一个数相同，表示物体的位置在同一列；数对中的第二个数相同，表示物体的位置在同一行。

5. 借助数对知识解决图形平移问题：在平面图上，物体向左、右平移时，行数不变；向左平移，列数减去平移的格数；向右平移，列数加上平移的格数。物体向上、下平移时，列数不变；向上平移，行数加上平移的格数；向下平移，行数减去平移的格数。

学情分析

在学习这课前，学生已经学习了用前后、左右、上下等表示物体位置，知道了用东南西北等表示方向，能识别简单的线路图，但本节课要用数对表示物体的位置，学生学起来会有一定的难度。因此，在设计这节课时，我从学生感兴趣的故事引入，再联系生活实际，创设游戏情境，充分利用学生已有的知识经验，通过实践操作、观察发现、归纳概括、联系转化，让学生经历由单一到多样、由模糊到准确的过程，在体验中探究知识，解决问题。

一、数学故事，抛砖引玉（小组合学）

师：同学们，你们喜欢身怀绝技的齐天大圣吗？看我们最喜欢的孙悟空踩着七彩云来了，请看大屏幕。孙悟空藏在许多小圆点下，你能找到吗？

生：不能一下子找到悟空，老师可以提示一下吗？

师：孙悟空它刚才偷偷地告诉老师，它藏在第2组第5排的小圆点下，谁能在这个图上圈一圈它所藏的位置。

师：同学们，怎么几位同学圈的位置都不一样，能说一说原因吗？

生1：老师，他们数的方法不一样？A同学他是从自己的角度观察从左往右数组的，B同学她是看着老师来数的，但老师和我们方向刚好相反。

生2：数的方法不一样，位置也就不一样了。那样就没办法确定位置了。

生3：所以我觉得要从观察者的角度来看，统一方法。

师：其实，任何时候确定一个物体的位置，都是从观察者的角度来看的，我们一起来看一看，谁找对了。

生1：B同学是按规律来找的。

师：在数学中我们又把组叫作列，排叫作行，那么孙悟空的位置还可以说在第二列第五行。

生2：应该有一种非常简洁的方法能快速写出来。

师：四人小组讨论，(2，5)中两个数分别表示什么？你是怎么数的？怎么读呢？请分组谈论，四人分享，上台汇报展示。

小组汇报：位置没变，2表示从左往右数第二列，5表示从下往上数第五行。

生活中我们经常遇到要确定一个地方的位置这种情况，今天这节课我们就先来从大家非常熟悉的在班集体里确定自己座位的位置开始。

二、联系实际，运用数对（师生共学）

1. 自主探索，多种方式表示位置

师：今天请出一直陪伴我们学习的淘气和笑笑，现在我们一起到他们班上去看看，这是他们班的座位图。谁来说说淘气的位置在哪里？

生：淘气坐在第二组第四个座位。

师：大家同意吗？（板书第二组第四个）你能说说你是怎样想的吗？

生：先横着从左往右数，他在第二组；再竖着从下往上数，他在第四个。

师（补充复述）：从老师的角度看，先横着从左往右数，淘气在第二组，再竖着数从前向后数他在第四个，也就是第四排，所以说淘气的位置是第二组第四个（出示座位图上的"组"和"排"）。

师：谁还有其他的方法来表示淘气的位置？

生：第二组倒数第三个……（两三个学生自由回答。）

师：同学们有没有觉得这样表示位置的方法太麻烦了？数学家笛卡儿也觉得太麻烦了，于是他提出了一个非常简便的表示方法，你们想知道吗？数学家笛卡儿是这样表示的［在第二组第四个下面板书（2，4）］。为什么可以这样表示呢？下面老师来解释一下。

有学生说出了数对。

师：你能说说你的想法吗？那么，为什么可以这样表示呢？下面老师来解释一下。

2. 用数对表示位置

师：我们把横排的几组用纵线从左到右表示，把竖排用与前面的纵线垂直的横线从下到上表示，再加个边框，这个座位图就可以用一个方格图表示了。每个座位便成为方格图上的一个点。那淘气和笑笑的位置对应方格纸上的点也可以表示出来了。这样的方格纸是不是不够明显，那我们再把纵线按从左到右的顺序用数字表示出来，把横线按从下到上的顺序用数字表示出来，这样，这个座位图就可以简单地用一个方格图表示了。

师：淘气的位置在横向数的第二条线和纵向数的第四条线的交点上，先写横向的2，再写纵向的4，用小括号把它们括起来，并在中间加逗号隔开。所以淘气的位置可以表示为（2，4）。这样表示的两个数叫作数对，读作"数对（2，4）"。这就是用数对确定位置的方法。刚才我们用这种方法表示淘气的位置，那笑笑的位置在哪里？你能用数对的方法来表示吗？

生：第一组第一个，数对（1，1）。

师：我们班的座位图也可以用方格纸来表示，你能用数对来表示自己现在的位置吗？我们先规定横竖方向，从老师的角度看，从左边数起，第一组、第二组……共八组，第一排、第二排……共六排。在老师发的方格纸上用数对表示你自己的位置，并加上你的名字。请与你的同桌说一说，等一下老师请同学来说一说。

师：A同学说一说你的位置。B同学说一说你在第几组第几排……

三、拓展升华，开启思维（总结拓学）

1. 拓展学习

师：看来同学们已经掌握了用数对表示自己的位置的方法。老师有个问题，想请你们来解决一下：（5，3）这一点的位置在哪里，他是谁？（3，5）这一点的位置在哪里，他是谁？

生：（5，3）在第五组第三排，他是C；（3，5）在第三组第五排，他是 D（课件标出这两点位置）。

师：这两个数对都用了两个相同的数字，为什么表示的位置不同呢？你能解释其中的道理吗？

生：因为（5，3）表示第五组第三排，（3，5）表示第三组第五排。

师：数对中的两个数位置不同，表示的意义也不同，第一个数字表示横向的位置，即第几组，第二个数字表示纵向的位置，即第几排，所以用数对表示位置时，要注意两个数字是有顺序的，不能随意调换。

师：刚才同学们的表现太优秀了。现在我们来放松一下，玩一个小游戏：找好朋友。听清楚游戏规则，每位同学找你的两位好朋友，在方格纸上标出来，并写上他们的名字。然后两大组各请两位同学出来，第一位同学说他的好朋友的名字或用数对表示的位置，第二位同学找第一位同学好朋友的位置或名字，说到的同学举手示意一下，剩下那一大组的同学来当裁判。看看哪个组最厉害，找得最多、最快。

师：同学们的表现太精彩了！接下来我们要一起来解决一下地图上该怎样确定位置的问题。这是我们校园的平面图，你能说说这些地点的位置吗？

生：校医室在（6，3），假山在（2，4），侧门在（1，4）……

师：同学们可真棒！老师带大家到游乐园去看一看，你最想玩哪个项目，它在哪个位置？下面，请同学们制定游玩计划，要求从大门出发最后回到大门，所有的项目都玩到，不走重复路线。在老师发给大家的学习卡上填一填，然后与同桌交流。

师：谁愿意向大家展示一下你的计划？请其他同学认真看，思考他画的路线图符不符合要求？

2. 全课总结

师：这节课，你学到了什么？有什么感受和收获？在我们的身边还有哪些确定位置的事例呢？请自由发言。

师：这节课，我们学习了用数对表示位置的方法，要注意数对中前后两个数字表示的意义不同，前一个表示横向的位置，后一个表示纵向的位置。

（成都高新区锦城小学　杨凌）

第四节 "智趣数学"教学研讨

教学研讨 一

积累活动经验 渗透分类思想
——一年级"一起来分类"教学实践与感悟

课前慎思

北师大版《数学》一年级上册"一起来分类"一课，主要让学生通过动手操作活动，初步体会分类标准的多样性，能按不同的标准对物品进行分类，初步养成有条理思考问题的习惯及良好的生活习惯。

"一起来分类"这一课一方面巩固学生分类需要确定一个标准的理念，另一方面让学生体会分类标准的多样化，初步掌握分类的方法，渗透分类的思想。学生在生活实际中对分类有一定的生活经验，但对分类的标准比较模糊，有些学生会分类，但说不清楚分类的依据，同时部分同学在分类时思维局限，分类标准单一，基于此，本节课的设计意图有两个：

（1）选用学生熟悉的生活素材，通过"想一想""分一分""说一说"等实践活动，培养学生的操作能力、观察能力和语言表达能力，激发学生学习兴趣，使学生感受数学与生活的密切联系；

（2）通过设计大量的分类活动，帮助学生体会分类标准的多样性，在活动中逐步体会分类的思想，积累活动经验。

课中笃行

一、揭题引问

师：今天我们来玩一个游戏，考考大家的反应。比一比：谁能最快从图片中找出与其他物体不同类的图片？

师：同学们反应太快了，轻松找到了不同类的物体，那你能对物体进行分类吗？这就是我们今天要学习的知识。

揭示课题：一起来分类。

设计意图：在课前设置了一个"考眼力"的游戏环节，通过创设情境，提出问题，引出课题，抓住了学生的注意力，调动了学生学习的兴趣，为学生创造了欢快、充满趣味的课堂氛围。

二、新知探究

1. 分水果和学具

个体独学：想一想，你能将这些物体分成两类吗？

小组合学：把你的想法和同桌说一说。

师生共学：分一分，学生给全班展示分类的过程和结果。

设计意图：从学生身边熟悉的常见学具和水果出发，通过想一想、说一说、分一分，让学生初步感知分类。

2. 分书本

师：这是我们的语文书、数学书、拼音本、数学本，你能将它们分成两类吗？

个体独学：学生独立思考，拿出学具，动手分一分。

小组合学：和同桌说一说你是怎样分的。

师生共学：学生向全班分享分的过程和方法。

师：你听明白了吗？他把谁和谁分到了一起？他这样分的理由是

什么？

生：书分在一起，本子分在一起。

师：看了这种分法，你有补充吗？

生：数学书和数学本分一起，语文书和语文本分一起。

师：你听明白了吗？他又把谁和谁分到了一起？他这样分的理由是什么？

组织学生收学具，并出示两种分类的结果。

师：这是你们分好的两类，这四本书本，为什么数学书一会儿和语文书在一起，一会儿又和数学本在一起？

生：第一种是把书分一类，本子分一类；第二种是把语文的分一类，数学的分一类。

师：一种是按照"用途"进行分类，一种是按照"科目"进行分类，也就是我们分类的标准不一样，结果就不一样。

设计意图：通过把书本分成两类的任务要求，引导学生思考，寻找分类的不同标准，体会分类标准的多样性。

3. 分图形

师：分两类，同学们都会分了，分三类你会吗？

个体独学：先思考分类的标准是什么？再动手分一分。

小组合学：和同桌说一说你的分类标准是什么？

师生共学：把你分的过程和全班同学们分享。

生1：带斜线的图形分一类，带阴影的图形分一类，其余白色的图形分一类。

生2：圆形一类，正方形一类，三角形一类。

师：他们这样分的标准是什么？

生：一种是按"颜色"分的，一种是按"形状"分的。

师：同学们，只要我们认真观察，就可以用不同的方法来进行分类，而且不同的方法分出来的结果是不一样的。不管是分两类，还是三类，首先要确定标准。

总结拓学：你会分三类了吗？下面我们来试一试：这里的动物你准备怎么分？

出示图片，学生独立完成。

设计意图：学生通过交流各自的分类标准，引导学生进一步深刻体会分类标准的多样性。

4. 生活中的分类

师：我们这节课学习了分类，其实分类在我们生活中作用特别大，你在生活中哪些地方见过或用到分类？

生1：超市里……

生2：图书馆……

生3：衣柜……

出示超市中的分类。

师：这是超市里的分区，这样分类有什么好处？

生：能让我们快速找到我们要购买的东西。

师：我们的垃圾也需要分类，垃圾分类能够减少浪费，减少环境污染，变废为宝。

师：看来分类在生活中非常有用，分类为我们生活提供了很多方便和好处。

设计意图：把课内知识向课外延伸，让学生把目光转向生活，使学生感觉到数学就在身边，数学来源于生活，又可以应用于生活，将分类思想渗透到生活中。

课后明辨

我们一直在思考这样一个问题：我们心中理想的数学课堂到底是什么？其实学生们真正向往的课堂应该是集掌声、笑声、辩论声于一体的课堂。而我们的乐群教育就是尊重生命个体的多样性，充分发挥集群优势，以愉悦的学习氛围为基础，以合作的学习方式为载体，实现生命个体与群体共同发展的教育。

低年级的"乐群学堂"上我们要注重让学生的行为、思维、情感主动参与进来，具体要让学生做到手动、口动、脑动、心动、情动。好的课堂不该让学生难受，而是要让学生乐学、好学，让学生会学、活学，让学生善学、勤学。"乐群品质"的培养贯穿整节课。

1. 营造"悦身心"的学习氛围

开课时一个"考眼力"的小游戏，抓住了学生的注意力，使学生专注课堂学习，让学生在公开课的紧张氛围中轻松下来，很好地激发了学生的兴趣。几个分类的活动都是学生身边熟悉的事物和人物，同时教师及时鼓励评价，学生带着由内而外的愉悦心情参与课堂学习，明白了分类的标准不同，结果就不同这样的道理，同学们在肯定他人时，也提出了自己不同的想法，课堂上充满了掌声和辩论声。

2. 培养"会合作"的交往能力

课堂上通过一个个分类活动，学生的小组合作意识被培养起来了，合作能力也逐渐提高了。本节课充分发挥了学生的主体作用，让学生先想一想，再动手分一分，最后交流、分享不同的分类方法，调动了学生的课堂积极性，也使学生在具体的活动中感受到分类的实质，培养学生的合作能力和分类思想。

3. 训练"善思辨"的思维品质

在将目标分成两组的这个环节，分类的标准有多种，比较开放，学生的回答也是各有千秋，学生在思考辩论中进一步体会分类标准的多样性，标准不同结果也不同，实现了知识立体全面构建，积累学生的活动经验，渗透了分类思想。

（成都高新区锦城小学　刘翟）

教学研讨　二

任务驱动　学生乐群
——"分数的意义知识梳理与练习"思考与实践

乐群教育在我校已开展九载有余，在乐群学堂的教学实践中，我积极探索实践"群"的功能。"乐群学堂"的"群"是一种综合视野下的思维方式，不仅是指学生根据学习任务建立的学习共同体，更是充分发挥集群优势，以愉悦的学习氛围为基础，以合作的学习方式为载体，群学、群思、群长，实现生命个体与群体的共同发展。

"乐群学堂"一切以学生为主，教师和学生的角色发生了变化。教师的角色转变为学习活动的设计者和学生有效学习的服务者，学生的学习方式转变为自主合作探究学习，教学成了生本互动、生生互动、师生互动、内外联动的过程。在实践中我发现，任务驱动是"乐群学堂"较优的学习方式。下面以"分数意义的梳理和练习"一课两次不同的尝试为例，谈谈任务驱动型学习方式对培养学生乐群品质的意义。

第一次尝试

"分数的意义"是北师大版教材五年级上册的教学内容，这是一节复习课，重在知识梳理与知识点的运用。我设计了两个环节，环节一从知识梳理、拓展题、易错题三大板块整理知识点，环节二是相关练习。我让学生把整个单元知识整理成一张试卷，然后进行全班练习。上完课后，发现了很多的问题。首先，学生按照我的要求梳理知识点，认真的学生大作业本上写了两页，使用行列式的形式，知识点是散的，看不到结构，内容太杂，也不利于记忆。其次，学生整理的试卷内容有很多是重复、遗漏、不完整、不全面的，没有达到我的预期目标。指导过后有些改变，但质量还是不高。再次，就是学生的学习积极性不高，虽然能够认真听课，但很被动，没有主动性。

这次复习的效果我不满意，根据学生的表现，我仔细思考了以下两个问题：（1）五年级的学生已经有单元整理与复习的经验和能力，如何调动他们复习整理的主动性和内驱力，引发主动学习？（2）练习部分比较枯燥，采用什么样的呈现方式能够有新意，调动全体学生的积极参与？思考过后便有了第二次尝试。

第二次尝试

一、任务驱动实现积极学习

准备阶段，我就给学生确定了任务，本单元的整理和复习全部由学生自己来。学生刚开始接到任务时，感觉不可思议，不敢相信我会放心让他们做，也没有信心自己能做好。当真正理解了任务后，全班学生又充满了干劲，积极讨论起来。不一会儿，我们就确定了复习课的两大步骤：梳理知识点和练习题整理。知识点要求每个学生都要梳理，练习题比较多，我把整个单元知识细分成一个个的小目标，并把每一个小目标内容细化为一个个容易掌握的"任务"，通过这些小"任务"的完成来实现知识的梳理和掌握。"任务驱动"实现了"以任务为主线、教师为主导、学生为主体"的目标，改变了以往"教师讲，学生听"，以教定学的被动教学模式，创造了以学定教、学生主动参与、自主协作、探索创新的新型学习模式。

二、思维导图理清知识脉络

"分数的意义"这个单元包含九个课时的内容，知识点很多，拓展点也多，在进行知识梳理时不仅要关注知识点本身，更要关注知识点之间的联系，这是发展学生数学素养必不可少的一步。为了让每个学生对本课内容有清晰掌握，方便记忆与理解，形成知识网络，我教学生学着画思维导图，用思维导图来构建完整的知识体系，没想到事半功倍，效果出乎意料地好。学生的思维导图知识全面，有图、有关键词，形象生动。有了认真的准备，学生在全班汇报环节更是争先恐后，都主动争取来交流自己的成果。

三、自主选择学会责任担当

知识点的掌握要落实在练习上，只有能够运用知识解决问题，才说明知识点内化成了他们自己的知识。但，练习题谁来出？教师出，学生参与度不高；学生出，又不能整体把握。因此，我把知识点进行了分解，也把选择知识点的权利交还给学生，让学生自主选择内容，形式上真正做到"依足制鞋"，而不是"削足适履"。学生根据自己的已知、未知、想知进行理性选择，切实落实到知识板块，并因选择而产生责任感，学会担当。根据学生自己的选择，我给每个学生布置了以下任务：梳理所选知识点的相关练习题，包括基础题三道，拓展题一道，易错题一道，并且附上答案。学生在梳理的过程中，就要对相关知识点的所有练习题进行挑选、比较，有了第一层次的筛选。

四、分组梳理进行全班汇报

学生选择完后，教师根据他们所选择的知识点进行分组，同一个知识点分为一个大组，学生在大组内就梳理的练习题进行讨论，综合评选出经典例题供全班学习。在评选的过程中，合作与交流，实践与批判，每个学生都参与其中，去伪存真，对本版块知识进一步深化。选定习题后，各组学生自己制作了精美的PPT，并进行了分工。全班汇报时，先出示习题，全班学生在作业纸上做完后，再进行集体订正，自己批改并记录得分，每道习题的讲解都落实到人，确保每一个学生都有交流的机会和平台。

附部分教学实录：

生1：大家好，我们是第一小组，今天我们给大家分享的知识是最大公因数。下面是基础题的第一题，请大家做在题单上。

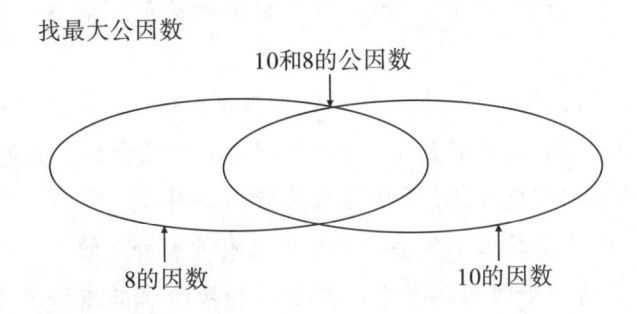

找最大公因数

（图：两个相交的椭圆，交集处标注"10和8的公因数"，左椭圆标注"8的因数"，右椭圆标注"10的因数"）

（学生纷纷质疑，有陷阱。）

师：我也不清楚他们的想法，有问题先记下，等他们讲完，有质疑的就可以提出来。同学们做完后，举手示意。

生2：我来订正答案。8的因数有1、8、2、4，10的因数有1、10、2、5，8和10的公因数是1、2。

（下面有许多学生摇起了小手，摇手在我们班是"不同意"的意思。）

生3：我来补充一下，他刚说的是单个数的，这道题是填在集合圈里的，生2没有说中间应该填什么，8的因数应该填什么，10的因数应该填什么。

师：那你马上去看一看，看他是怎么做的。

生4：我想说做这样的题，应该先填中间的数，再填旁边的数。说的时候也不能说8的因数是多少，10的因数有哪些，应该先说8和10的公因数有哪些，再说8独有的因数有哪些，10独有的因数有哪些。

生5：我有一种可以避免写错的方法，先把8和10的因数分别写出来，再圈出他们的公因数填在中间，再把剩下的填在两边。

生6：请大家把基础题的第三题做在题单上。

> 所有偶数的最大公因数是（2）
> 所有奇数的最大公因数是（1）

生6：因为偶数包括2，偶数的最大公因数就是2；奇数包括1，奇数的最大公因数就是1。

生7：0也是偶数。

生8：我们在讨论因数和倍数的时候，是不包括0的。

师：请大家回到刚才生6的讲解上，他说"偶数包括2，偶数的最大公因数就是2；奇数包括1，奇数的最大公因数就是1"，这句话大家都认同吗？

生9：不对，因为偶数是2的倍数，都有因数2，所以所有偶数的最大公因数是2；奇数都有因数1，所以所有奇数的最大公因数是1。

生5：还可以这样说，1是所有自然数的公因数。

生1：我们小组的汇报完毕，同学们还有没有补充的？

生10：我有一个问题，刚才用集合圈和短除法的方法来求最大公因数，那如果是四五位数，而且又很难找到2、3等质数，该怎么办？

生11：我来回答这个问题，位数较多时可以使用辗转相除法。

师：辗转相除法的确是解决较大的数找最大公因数的好方法，在这里吴老师暂时略过，请生10课后请教生11。

生11：我还要补充一点，刚才生5说的1是所有自然数的公因数，这里的自然数不包括0，应该加上"非0自然数"。

生12：我听到你们好像没有说到一些特殊情况，如两个数是互质数，它们的最大公因数是1。如果两个数是倍数关系，它们的最大公因数是较小的数。

五、全班练习开展多样评价

全班练习的质量决定了复习课的效果，为了让全体学生积极参与，使学生都"忙"起来，我采用了多种评价方式。如根据作业纸上解题得分评出最佳学习小组，根据小组汇报评选出最佳合作小组，根据质疑情况评出最佳质疑小组，根据听课状态评出最佳倾听小组等等。评价方式的及时跟进，调动了学生学习的主动性，教学秩序井然有序，有力地提高了复习课的效率。

这节课效果非常显著，学生积极参与，打下课铃都不愿意下课。有三个组因为时间不够没有汇报，学生都要求下节课接着汇报。实践发现"任务驱动"法有利于激发学生的学习兴趣，培养学生的分析问题、解决问题的意识，提高了学生的自主学习能力、协作能力和思辨能力。

最高兴的就是听到学生对我说，他们对下一节复习课已经有了一些新的想法。那就让他们来组织复习吧！

（成都高新区锦城小学　吴秋菊）

教学研讨　三

以趣促学，来一场数学学习总动员

《义务教育数学课程标准（2011年版）》指出："人人都能获得良好的数学教育，不同的人在数学上得到不同的发展。"我校根据当前师生发展需求及本校资源，构建了"乐群教育"下的"智趣数学"学科课程。"智趣数学"旨在追求"智从趣生，趣由智始，智趣共生"的境界，使学生在趣学、悦享、善思、活用的学习过程中提升数学素养，在活动中学习，有品质地成长。

数学是有趣的，数学学科本身充满趣味，思考解答有一定难度的数学题的过程也是趣味无穷的，如何让二年级学生感受到数学的趣味性，由感官满足的浅层"兴趣"，逐渐上升到理性思考的深层"智趣"呢？以下是我在实践中的一些做法。

一、活动为先，激发兴趣与热爱

我校"数学+"课程开展了丰富的数学学科活动，如"数学周""跳蚤市场""设计游戏规则"等等，这些活动能帮助学生认识、感悟、理解和应用数学，提高分析问题和解决问题能力。而为了激发学生学习兴趣，我还设计了系列数学家活动。

活动一　数学家的故事

二年级的学生已经具有一定的阅读能力和语言表达能力，为了让他们了解数学家的优秀事迹，学习数学家的精神，热爱数学学习，我开展了"数学家的故事"演讲活动。每节课课前三分钟，我组织班级学生轮流上台演讲。刚开始时，有的学生胆小，不敢上台；有的学生声音小，后面的同学都听不见；有的故事太长，学生记不住，各种情况层出不穷。但，这就是二年级学生的水平！除了取得家长的支持和配合外，我还准备了话筒，进行细致的演讲指导。等全班41位学生都演讲完后，学生的语言表达能力有了明显提升，胆量和勇气都得到了锻炼，更有意义的是全班一起了解了近20位中外著名数学家的优秀事迹，了解了数学的价值。我再趁机鼓励学生：以数学家为榜样，勤奋努力，刻苦钻研。

活动二　我是小小数学家

学生原本就对客观世界有浓厚的好奇心，了解了数学的价值后，还应该努力把这种好奇心引导到探索事物的数学关系上来，把这种好奇心转化为学习数学的兴趣。继"数学家的故事"之后，我接着开展了"我是小小数学家"活动。让学生把自己看作一名优秀的小数学家，自己去探索一个数学问题，课前三分钟给全班讲解，根据同学们的反馈情况评选出班级"小小数学家"，并颁发奖卡和表扬信。二年级学生的讲解，有时表达不清，或者准备不够充分，课堂上经常出现争论，我也不会过早表态，而是鼓励大家发表不同意见，再进行点拨和引导，使争论更加涉及问题的本质，是非越来越分明，既让学生获得学习数学的乐趣，更让学生领略数学内在的理趣。

活动三　小数学家题库

讲解的同学收获很大，但听的同学就不尽相同了。为了鼓励学生认真倾听，我把小数学家们讲的数学问题以学生的名字命名，编在一起，建成小数学家题库。每周五进行原题测试，并会根据成绩发放奖卡，以示鼓励。这极大地提高了学生的参与度，促使学生认真听讲，有的同学还会主动记笔记。因为"小数学家"们讲的都不是学过的问题，三分钟的学习，难免浅尝辄止，原题测试也是有较大难度的，我会提前把测试卷发下去，让学生提前看题，不会的问题可以请教讲这道题的"小数学家"。提前发卷促使听的学生主动提问、主动探究，保证学习的效果，"小数学家"们被请教、被追捧、被需要，增强了自信心和学习数学的乐趣。

二、评价跟随，积极鼓励与帮助

《义务教育数学课程标准（2011年版）》强调："评价的主要目的是全面了解学生数学学习的过程和结果，激励学生学习和改进教师教学。"为了激发学生学习兴趣，提高学习的积极性，我设计了完善的数学学习激励机制，并在教学过程中有效地实施，鼓励学生积极主动高质量地参与学习。

评价一　星星小奖卡

及时的评价有利于教学的有效开展，我比较了各种评价方法，加分太烦琐，口头表扬难累积，物质奖励太功利，最后决定给学生发放不同面值的小奖卡。我在网上请人精心制作了星星小奖卡，面值是根据人民币的面额来设计的，有1分、2分、5分、10分、20分、50分、100分。在学生课堂表现出色，或完成相应任务时发放对应分值的奖卡（评价标准附后）。另外，还可以用这个奖卡做学具，模仿人民币进行兑换，算是一材两用。

星星小奖卡得分标准

活动项目	课堂表现	得分
课堂学习	认真听讲。	1分
	认真听讲，主动表达自己的想法。	2分
	认真听讲，主动表达自己的想法，提出不同的意见或问题。	5分
	认真听讲，主动表达自己的想法，提出不同的意见或问题。积极参与课堂活动，与同学合作愉快，能有自己独特的见解。	10分
数学家的故事	敢于上台介绍自己。	1分
	敢于上台介绍自己，口齿清楚。	2分
	敢于上台介绍自己，口齿清楚，故事讲解完整。	5分
	敢于上台介绍自己，口齿清楚，故事讲解完整，有感受体会。	10分
小小数学家	认真准备问题。	1分
	认真准备问题，讲解清楚完整。	2分
	认真准备问题，讲解清楚完整，和同学有互动。	5分
	认真准备问题，讲解清楚完整，和同学有互动，听懂的同学占50%及以上。	10分

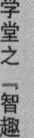

续表

活动项目	课堂表现	得分
小数学家题库	解决问题只有结果。	2分
	解决问题有结果，有解题过程。	5分
	解决问题有结果，有解题过程，书写工整。	10分

评价二　表扬信

在课堂学习和活动中，如果表现突出，得到了10分的奖卡，那么我就会给这个学生发一张可爱的小奖状，是一封美丽的表扬信，表达老师对他们的赞赏。如下图：

每周五，我会集中评比发放表扬信，并给获得表扬信的学生拍照，分享到班级群里，让学生得到来自家长的鼓励和赞赏，增强学生的自信心和荣誉感，也给其他的学生树立学习榜样，他们也会积极努力，期待也能有出色的表现。

评价三　拍卖会

一学期下来，学生会积累很多的星星小奖卡，我策划了拍卖会活动，把奖卡兑换成奖品，拍卖的过程还可以进行数的大小比较。拍卖会前，要做好前期筹备，首先征集学生喜欢的学习用品，请家委会代为购买。要求奖品质量好，美观实用，样式和颜色都不重样，能吸引学生的兴趣。然后让学生清算自己的奖卡，了解拍卖会的规则和流程，选择心仪的物品等等，我还找了一个蓝色的塑料小锤作为拍卖锤。拍卖会时，先讲解拍卖会的规则和流程，再模拟拍卖一次，然后进入正式拍卖。

本学期的拍卖会现场气氛非常热烈，学生争先恐后竞价，所有的物品全部成交，活动取得了圆满成功。大多数学生都拍到了心仪的物品，没拍到的也在暗暗总结拍卖的方法，给自己制定了下学期多得奖卡的目标。

案例　我想要那支蓝色的钢笔

拍卖会前，小谕来问我："吴老师，钢笔起拍价多少分？我要拍那支蓝色的。"

我愣住了，因为学生刚上二年级，还用不上钢笔，所以我们的奖品里没有准备钢笔呀。

"我们的奖品没有钢笔呀。"我告诉他说。

他可不服气，说："吴老师，你别骗我，我在你的办公桌上都看到了。"

哦，原来是我给女儿买的几支钢笔，放在办公桌上，被他看到了。我转念一想，既然学生们喜欢，我就让他们拍吧。

拍卖会开始了，小谕的眼睛从头到尾盯着蓝色的钢笔，看得出来很喜欢。没想到这几支未在预设内的钢笔成了全班学生的宠儿，最开始的一支红色钢笔，起拍价50分，每次加价5分，最后竟然以490分的高价成交。小谕也参与了竞价，随着价格的一路飙升，他越来越着急，脸色越来越难看。我一问，才知道，他一共只有275分奖卡。

钢笔一支一支地被拍走，虽然后面的价格没有红色钢笔高，但还是远远高于小谕的总分。他急得都快哭了，很委屈地对我说："吴老师，我真的好喜欢那支钢笔。"

看着他眼睛里的喜欢，我在想，我有什么办法能帮到他呢？于是，我先拍卖其他的一些物品，把蓝色钢笔放在了后面，希望那些"有钱人"能把"钱"先花了，算是给他减少一些竞争对手吧！

拍卖会继续进行着，小谕很坚定，没有被其他的物品所吸引，他把所有的奖卡都留着。幸运的是，在拍卖蓝色钢笔的时候，他倾尽全力，出价是全班最高的。

接下来，拍卖墨囊时他已经没有购买能力了，但还是笑得合不拢嘴。

拍卖会后，小喻主动来办公室找我，和我分享他的喜悦，说："吴老师，我今天好开心，我差一点都拍不到这支钢笔了，下学期我要更加努力学习，多得一些奖卡，我要买一些墨囊，好好练习钢笔字。"

看着欢呼雀跃的他，我也被感染了。我从抽屉拿出一支女儿的墨囊，握在手心里，递到他的手心里。神秘地说："这是吴老师的好运气，现在送给你，这个假期你可要好好练习钢笔字哦。"

他打开手心一看，是一支墨囊。

"谢谢吴老师！"

离开办公室的时候，他竟然抱着我亲了一下。

星星小奖卡、表扬信和拍卖会，只是小小的评价措施，在不断地正向鼓励下，促使学生主动积极地投入数学学习，逐渐养成良好的学习习惯，学习能力也有了明显的提升。

三、家校沟通，注重交流与协作

二年级学生虽然有一定的自主能力，但是，自觉学习的主动性以及注意力的稳定性还远远不够。为了避免学生因为遗忘而无法参与相关活动，每周五我都会把下一周的"故事家"或"数学家"在班级群里公布，让家长提醒学生准备。学生在班上分享的时候我都会拍照记录，分享到班级群，从正面及时反馈学生的表现情况，给予表扬和鼓励。当然，也会有同学准备不充分，或表现不太好，我都会单独和学生谈话，帮助他们分析原因，给出指导建议。还会及时和家长取得联系，反馈情况，得到家长的支持和帮助，双管齐下，确保每一次活动都对学生有明显的帮助。

案例　小橙子的变化

小橙子是一个非常腼腆的女孩，在班上她从不主动回答问题，说话的声音也非常小，几乎听不见。讲数学家的故事对她来说，就是一项很大的挑战。

因为了解这个学生的性格特点，我提前与家长进行了沟通，希望家长能帮助她准备，结果家长就直接代替学生做了一个演讲的PPT。因为没有练习，小橙子连PPT上的字都认不全，不知道如何断句，更不用说如何生动有趣，故事讲得并不成功。

看着台上满脸通红、局促不安的小橙子，我思考如何才能使这项活动不伤害她幼小的心灵。于是，我在班上表扬了小橙子，表扬她敢于站上讲台的勇气，表扬她精心准备了PPT，也提到了她因准备PPT练习时间不够，故事讲得还不够完整，希望同学们能再给她一次机会。

小橙子高兴地回到了座位上。中午课间，我陪着小橙子一起认字，讲故事，我讲给她听，她讲给我听，故事越讲越熟练。接下来，我再一次打电话给家长沟通情况。原来小橙子父母工作都非常忙，知道这项任务后就想着帮学生做PPT，又快又省事儿。我把学生当天的表现、我的处理方法，以及这项活动对小橙子的锻炼意义和家长进行交流，请家长务必抽出时间帮助学生再做准备，争取第二天能够精彩亮相。

第二天，小橙子顺利讲完了故事，同学们都夸她进步很大，应该奖励10分的奖卡，她的小眼睛闪闪发光。随后"小小数学家"活动中，我发现小橙子有了明显的进步。讲解的问题她主动来找我商量，在家里也多次练习。那天，小橙子声音清楚响亮地讲解完毕后，同学们给予了非常热烈的掌声。

案例　这个活动会长期都有吗？

丰富多彩的数学活动，离不开家长的支持与配合。而主动积极的家校沟通帮助家长了解了活动的目的和意义，得到了家长的一致认可与大力协助，促使活动取得事半功倍的效果。

以下是我与两位家长的微信交流对话。

（一）

吴老师：茜茜妈妈，今天孩子的故事讲得很棒哦，这是现场的照片，请收藏。

茜茜妈妈：她讲的怎么样啊？

吴老师：讲得挺好的，可以把故事再熟练一点，争取脱稿。孩子有点胆小，一直盯着屏幕讲，但整体表现还是很完美的！

茜茜妈妈：她平时不爱看书，不咋讲故事，所以讲故事的能力还很欠缺，再加上准备工作也不是很充分，应该早点让她熟悉。今早又忘了叮嘱她把草稿再读下。

吴老师：挺好的，多练习以后会更好的。

茜茜妈妈：完美的第一次，以后再多锻炼她，我觉得这个活动非常的好，可以锻炼娃娃的语言能力、逻辑能力、思维和胆量，给吴老师的课程点赞！

吴老师：还要谢谢你的支持和配合。

茜茜妈妈：这个活动会长期都有吗？妹妹班上没有相关的练习，都没有得到锻炼。

吴老师：这学期都会安排系列活动的。

茜茜妈妈：好的哈，我们当家长的也尽量配合哈。

（二）

豪豪妈妈：吴老师，今天孩子表现得怎么样啊？

吴老师：表现得非常好！我录了一个视频，但是太长了，微信里发不了，我试试发QQ给你。

豪豪妈妈：他比一年级的时候有进步吗？

吴老师：进步简直太大了。同学们很崇拜他，说要奖励他100分的奖卡。

豪豪妈妈：哈哈哈，那他一定很开心，开始我觉得选题有点难，没想到他还是不断练习克服了困难。我觉得这样的活动可以锻炼他们的表达能力，增强学习的兴趣，挺好的。

吴老师：是的，回家后你让他仔细给你说说，同学们已经在追问他的学习方法，我也请他来帮我，任命他当我的小老师。

豪豪妈妈：好的，谢谢吴老师鼓励，我晚上好好问问他。

吴老师：好好表扬他，加油！

兴趣是最好的老师，是开启知识大门的金钥匙，是推动学生学习的直接动力。教师可以创造性地开展系列数学活动，激发学生的兴趣，从而进行正确引导、热情关怀、精心培养，学生的学习兴趣越高，求知欲就会越强烈，就可以更加高效地完成数学学习。

（成都高新区锦城小学　吴秋菊）

第五章　乐群学堂之"智悦英语"

第一节　"智悦英语"概述

一、什么是"智悦英语"

"智悦英语"的课程内涵是"以智为基，以悦为主"，引导学生在掌握基本知识，发展智力的基础上，培养学生的兴趣与情感，让学生爱上英语，快乐学习。

"智"是指智慧、智力、才智，英语学习的整个过程无不体现知识的学习、思维的培养与智慧的提升。

"悦"指高兴、愉悦，指在英语学习中要给学生创造愉悦的氛围，让他们在快乐中学习。"智悦英语"就是要让学生在掌握了基本的知识与技能的基础上，重视学生学习的兴趣、动机与良好的体验，关注学生思想品德的提升，让学生在乐中学、学中乐，形成积极主动的学习态度，让学生学会学习，学会生存，学会做人。

智悦英语：悦学。学生乐于参与学习，对英语学习有足够的兴趣，愿意主动进行英语的学习与日常交流。

智悦英语：悦享。课堂上愿意与老师、与同学互动，愿意与他人分享、交流，提高表达能力与交际能力。

智悦英语：悦创。学生能根据课堂教学内容，结合生活场景进行表演和实践，提升学生的创造创新能力。

"智悦英语"以儿童为中心，变课堂为学堂。强调儿童是学习的主体，教师的角色转变为学习活动的设计者和学生有效学习的服务者。强调教学

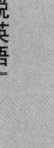

学习过程中的生成性、互动性、多边性、倾听性、开放性。学生的学习方式由单纯的教师讲授模式转变为学生自主合作探究学习，让学生在师生互动、生生互动中得到发展与提升。"智悦英语"的课程在学校乐群学堂的体系下，不仅重视课例教学实践经验的积淀，更注意提炼属于自己的课堂特征，形成了"悦身心"的学习氛围、"会合作"的交往能力和"善思辨"的思维品质。让学生在愉悦的实践氛围中，在平等民主、自由宽松的学习环境里，开阔视野、活跃思维、升级智慧。

二、"智悦英语"内容体系

"智悦英语"课程以"乐群教育"为指引，旨在促进学生的全面发展与个性发展，培养学生的创新精神与实践能力，所以除了英语基础课程外，我们还设置了以"学科＋"为内容的基本样态。以学科内容为基础，以"学科＋"的方式对学习内容进行链接和融合，整合社会生活、运用信息技术，建立"英语＋绘本""英语＋实践""英语＋技术"的学习内容群，丰厚课堂学习内容。

（一）"英语＋绘本"

我校以英语教材为基础，创设了"英语绘本课程"。绘本选择融入了语文、美术、科学等学科元素，通过跨学科融合的尝试，对英语学科课程从知识和内容上进行延伸和拓展。同时，绘本选择的主题内容与实际生活相联系，大大提高了学生的知识运用能力。

同时，我校对学生英语绘本阅读策略进行了系统归纳和指导。

（1）读：在教师指导下，主动阅读与教材内容相关的英语绘本；

（2）讲：完成英语绘本初步阅读后，讲一讲读后感；

（3）画：自己动手动脑，绘制个性英语绘本；

（3）演：小组合作或个人演绎，把英语绘本内容搬上舞台；

（4）教：做英语绘本阅读的传播者，教会自己的家人或好朋友英语绘本中的一句话；

（5）录：录制英语绘本阅读的视频或音频，可以是亲子共读时光，也可以是个人风采展示；

（6）赛：期末评选出"阅读达人""传播达人""创作达人"。

（二）"英语＋实践"

英语是语言类学科，也是一门实践性较强的学科，源于生活，同时服务于生活。单纯通过对基本教材的教授难以提高学生综合语言运用能力和英语水平。英语语言知识的掌握、语言实际运用能力的培养都需要大量的实践。"英语＋实践"是以英语教材为基点，以"英语课"为载体，链接社会生活，丰富学习内容的方式。所以，我们在学校内开展各种丰富多样的实践活动。比如举办英语趣味配音、英语绘本阅读、英语演讲以及我校每年一次的英语银杏舞台展示活动。通过这些活动，我们发掘了学生的学习乐趣，让学生发现自身潜能，提升综合语言运用能力，增强团队合作的意识，培养与生活接轨的能力，英语学科的核心素养也得到了有效的提升。"英语＋实践"培养了学生"悦身心·会合作·善思辨"的乐群品质。

（三）"英语＋技术"

信息技术在小学英语中的广泛应用，不仅能够激发学生的学习兴趣，拓展学生获得知识的渠道，还能够帮助教师在相同的时间内教授更多的知识。所以，在日常教学中，我们利用多媒体技术辅助英语课堂教学，对英语课堂进行诊断，关注教师发展、课堂变化。

我们以"英语＋"的方式，加出了教师的教育创新，加出了学生的学习创生，对学生的创新思维以及自主学习能力都有一定的培养，旨在挖掘学生潜能，不断提高学生的英语水平。

二、"智悦英语"形式体系

"智悦英语"以"四环节"为形式基本样态，构建"小学英语乐群学堂"形式体系。在"小学英语乐群学堂"实践研究中，逐步形成了以"个体独学、小组合学、师生共学、总结拓学"四环节为主的英语基本教学样态。同时，我们以四环节为基本样态，鼓励教师根据不同年级、不同课型、不同文体细化创新，衍生出"智悦英语"的创新形式和多样方法，如以下两种。

在英语听说课教学环节中，教师要在个体独学环节设置前置学习，让学生提前了解文章背景，做好学习准备，同时也便于教师了解学生学情，以更好地设置课程目标与课程内容；在小组合学过程中，设置课时任务，让学生在小组合作的过程中进行自主探究，同时提高他们的听力水平与口语表达能力；在师生共学环节中，教师对文中内容进行梳理，让学生掌握本堂课的重点与难点，让学生学会知识的迁移，进而进行后续的巩固运用；在总结拓学环节中，教师和学生一起复习本文的重点与难点，让学生再次巩固重点，从而进行运用（见图5-1）。

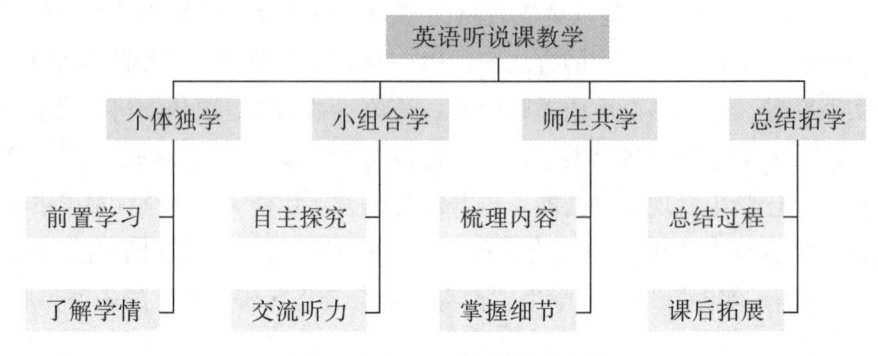

图5-1 英语听说课教学示意图

在英语绘本课教学中，教师要根据课型和教学内容的需要，在基本操作模式的基础上，进行绘本课教学（见图5-2）。比如，在师生共学阶段，教师创设活动情境，介绍绘本的基本概况，让学生对绘本有一个总体的认识；在小组合学阶段，学生通过教师布置的任务，进行绘本的梳理，同时教师教授绘本中的新单词、新短语、新内容、新结构；在总结拓学阶段，教师结合实际，升华文本，让学生在掌握知识与技能的同时培养情感态度与价值观。

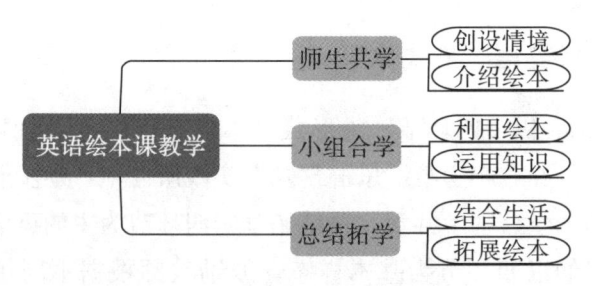

图5-2 英语绘本课教学示意图

四、英语乐群学堂评价体系

小学英语乐群学堂的研究紧跟时代步伐，关注儿童生活，针对不同学段、不同内容，采用不同路径，不断改进和提升课堂学习方式，将培养"悦身心·会合作·善思辨"的乐群品质落到实处。

以低、中、高三个年级段为评价三级梯度，建构"小学英语乐群品质"评价体系。传统的课堂学习评价单一，一张试卷定优劣；"乐群学堂"以"群"的方式对评价方式进行了补充和完善，建立了"效果评价群"，通过自评、互评、家长评、教师评，以及过程性加总结性评价相结合，丰实课堂学习评价。表5－1、5－2、5－3是我校的学生英语学习评价表，从学习习惯、学习能力、乐群品质三个维度进行多元化评价。"乐群"的思想使课堂的学习内容、学习方式、学习评价实现了由点到面的建构，把学生从狭小的空间解放出来，给学生更多的学习锻炼机会。

表5－1 低年级段英语学习评价表

评价项目		评价内容	评价方式及等级 A. 优 B. 良 C. 合格 D. 不及格			
			上期		下期	
			自评	他评	自评	他评
学习习惯	课前准备	1. 会通过观察图片、拼读单词、听录音的形式预习。				
		2. 准备好课本和文具。				
	课堂学习	1. 认真倾听教师的讲解和同学的发言。				
		2. 独立思考，积极发言。				
	课后复习	1. 坚持每周3~4次听读。				
		2. 认真完成听写或朗读等。				
学习能力	听	1. 能听懂学习活动中教师的指令和问题，并做出反应。				
		2. 能借助提示听懂熟悉话题的有关语段和简短的英语故事。				
	说	1. 能交流相关的个人信息。				
		2. 能根据所给提示简单描述一件事情，能就熟悉的话题进行简单的交流。				
	读	1. 能读懂简单的英语故事和短文。				
		2. 能正确朗读课文，读懂简单的书面指令并按要求进行学习活动。				
	写	1. 能正确使用常用的标点符号。				
		2. 能用短语或句子描述系列图片。				

续表

评价项目		评价内容	评价方式及等级 A. 优 B. 良 C. 合格 D. 不及格			
			上期		下期	
			自评	他评	自评	他评
乐群品质	悦身心	1. 悦己：自己喜欢自己，能成功，能失败。				
		2. 悦人：在学习与交往活动中，能够赞赏他人，真诚地欣赏和赞美同伴。				
	会合作	自如地在小组中合作：充分地探究，不断地完善，合理地调控。				
	善思辨	思维有深度：条理清晰，严谨缜密。				
		期末评价				
		学期总评				

表5-2 中年级段英语学习评价表

评价项目		评价内容	评价方式及等级 A. 优 B. 良 C. 合格 D. 不及格			
			上期		下期	
			自评	他评	自评	他评
学习习惯	课前准备	1. 会通过观察图片、听录音的形式预习。				
		2. 准备好课本和学习用具。				
	课堂学习	1. 认真倾听教师的讲解和同学的发言。				
		2. 独立思考，积极发言。				
	课后复习	1. 坚持每周3~4次听读。				
		2. 能够初步认读字母和单词。				
学习能力	听	1. 能听懂教师简单的英语指令。				
		2. 能借助图片听懂英语小故事。				
	说	1. 能交流简单的个人信息。				
		2. 能表达简单的情感。				
	读	1. 能借助图片读懂英语小故事。				
		2. 能较流畅地指读课文。				
	写	1. 能正确书写字母和单词。				
		2. 写字姿势端正。				

续表

评价项目		评价内容	评价方式及等级 A. 优 B. 良 C. 合格 D. 不及格			
			上期		下期	
			自评	他评	自评	他评
乐群品质	悦身心	1. 悦己：自己相信自己，敢表达，敢质疑。				
		2. 悦人：在学习与交往活动中，能够尊重他人，有礼貌地对待老师和同学。				
	会合作	自信地与同桌合作：认真地倾听，清晰地表达，礼貌地交流。				
	善思辨	思维有广度：生成多元，举一反三。				
期末评价						
学期总评						

表5-3 高年级段英语学习评价表

评价项目		评价内容	评价方式及等级 A. 优 B. 良 C. 合格 D. 不及格			
			上期		下期	
			自评	他评	自评	他评
学习习惯	课前准备	1. 会通过观察图片、拼读单词、听录音的形式预习英语。				
		2. 准备好课本和学习用具。				
	课中学习	1. 认真倾听老师的讲解和同学的发言。				
		2. 独立思考，积极发言。				
	课后复习	1. 坚持每周3~4次听读。				
		2. 认真完成听写、朗读或背诵等。				

续表

评价项目		评价内容	评价方式及等级 A. 优 B. 良 C. 合格 D. 不及格			
			上期		下期	
			自评	他评	自评	他评
学习能力	听	1. 能听懂学习活动中连续的指令和问题，并做出反应。				
		2. 能听懂有关熟悉话题的语段和简短的英语故事。				
	说	1. 能提供有关个人情况和个人经历的信息。				
		2. 能用简短的英语熟练地进行日常交际、话题交流和故事讲述。				
	读	1. 能读懂简单的故事和短文并抓住大意。				
		2. 能初步使用简单的工具书，独立进行简单的课外阅读。				
	写	1. 能用简单的图表和海报等形式传达信息。				
		2. 能用短语或句子描述系列图片，编写简单的故事。				
乐群品质	悦身心	1. 悦己：自己成就自己，会适应，会调节。				
		2. 悦人：在学习与交往活动中，能够成就他人，诚恳地帮助同伴获得幸福感。				
	会合作	自主地在群体中合作：主动地承担，密切地协作，机智地应变。				
	善思辨	思维有活度：辩证统一，求异创新。				
		期末评价				
		学期总评				

第二节　"智悦英语"典型教学设计

教学设计 一

绘本故事"A Photo of an Elephant Family"教学设计
——全国自主教育联盟一等奖教学设计，成都高新区一等奖课例

一、教学背景

1. 教学内容分析

本课选自"北京师范大学攀登英语阅读系列"，是"国家攀登计划"和教育部人文社科重大研究项目科研成果，是北京师范大学国家重点实验室探索十余年、专门为促进我国5~12岁儿童英语阅读能力发展而研发的英语分级阅读绘本。本课所选取的绘本适合中高年级学生阅读。

故事内容梗概：大象家族请小老鼠帮忙拍全家福，在拍照的过程中，大象家族和老鼠都尝试了不同的方法拍照，但是由于身高和体型的悬殊，多次尝试都没有拍成功。最终，聪明的老鼠想到了乘坐直升机的方法，帮大象家族拍成了全家福。

选取此教学材料的原因：为了进一步激发学生学习绘本的兴趣，培养他们的英语学科核心素养，特别是思维能力，从我校五年级大多数学生的英语学习情况出发，通过对这个绘本故事的反复分析，我发现它的图文信息中有很多值得挖掘和拓展的地方，能在学习过程中潜移默化地培养学生的英语学科核心素养，所以我选取了这个绘本。

2. 学生情况分析

对象：锦城小学五年级（2）班学生（10岁）。

特点：五年级学生已开始从具体形象思维向抽象思维过渡，但仍然是同直接与感性经验相联系，仍然具有很大成分的具体形象性，仍习惯于模仿实际动作。五（2）班的学生整体的英语学科素养属于中等，部分学生积累了一些课外知识，但是班级内部有一定程度的分层现象。大部分学生能积极主动参与课堂活动，但是有小部分学生在课上很少主动举手参与课堂活动。在平常英语学习中他们经常展开合作，共同完成学习任务，也会

在小组评比中奋力争先。

基础：(1) 五 (2) 班学生对绘本有初步了解。学校的教材上每个单元的最后一个课时都是与单元主题相关的延伸性故事，相信学生对英语故事并不陌生。(2) 该绘本故事对五年级学生来说整体难度适中，只有小部分问题难度较大。此绘本故事的主人公是一只叫菲利普（Philip）的大象，孩子们喜爱动物，故事图片充满童趣，情节脉络清晰，应该能达到激发学生的学习兴趣和训练学生思维品质的效果。

二、教学目标

1. 语言能力

(1) 学生能理解故事大意。

(2) 学生能借助自然拼读法、图片等多种策略掌握新单词"photographer"的音、形、义。

(3) 学生能对单词后缀"er"有初步的了解。

(4) 学生能在板书的提示下复述故事。

2. 学习能力

(1) 学生能借助理解图片信息、听音、场景模拟等多种形式感知故事、理解故事，发挥想象、推测故事情节，加深理解。

(2) 学生能对故事的结构（开端—发展—结局）有初步认识。

(3) 学生通过合作，加强互助学习的能力。

3. 文化意识

(1) 学生能通过在记忆中搜索类似的中外故事，初步建立起类比中外文化的意识。

(2) 学生能够体验绘本学习的乐趣，并积极尝试用英语表达。

4. 思维品质

(1) 学生的逻辑性思维在预测、答问等环节得到发展。

(2) 学生的创造性和批判性思维在帮助文中角色想办法解决困难、评价故事等环节得到发展。

(3) 学生能分析归纳，尝试从故事中提炼宝贵的精神品质。

三、教学重、难点

教学重点：学生能通过多种策略理解故事大意。

教学难点：(1) 学生能掌握"photographer"的音、形、义；(2) 学生能尝试从故事中提炼出宝贵的精神品质。

四、教学方法

1. 教法：（1）任务型教学法；（2）直观教学法；（3）Scaffolding（支架式教学）。

2. 学法：（1）Learning by doing（在做中学）；（2）Learning in groups（小组学习）。

五、教学资源

PPT、story book、HiTeach 智慧课堂等。

六、教学过程设计

教学步骤	教师活动	学生活动	设计意图
Warm-up	1. Greetings. 2. Free talk & Take a photo of the whole class.	Greetings. Take part in the activity.	通过打招呼，帮助学生进入英语学习状态；通过谈话和拍照活动，创设真实情境，为学习新知做铺垫。
Pre-reading	1. Talk about information on the cover. 2. 展示大象菲利普的图片，引导学生观察图片并进行预测： Who is he? What's his name? How is Philip? Why?	Talk about information on the cover. Observe the pictures and answer questions.	让学生了解绘本作者、出版社等信息；让学生认识故事主要角色之一菲利普，引导他们观察大象激发学生的学习兴趣。
While-reading	Picture Talking： 1. Why does Philip want a photo of his family? 2. 自然拼读法学习新单词"photographer"，初步认识单词后缀"er"。 3. 听音回答：What happened? 4. 提问设疑，带领学生观察图片，教师示范填表： How do they stand? Can you stand in a row? Can the photographer get all the elephants in? Why? 5. 学生自读文本并上台填表： How do they stand? Can you stand in a line? Why the photographer can't get all the elephants in?	Answer the question. Learn the new word with the teacher's help. Try to find the rules and give more examples. Answer question. Answer questions and learn how to fill in the chart.	通过观察图片、回答问题、预测对话内容等方式帮助学生了解故事大意，加深对故事的理解，同时注重训练学生的思维能力，培养学生的合作学习精神。 在完成结构图表的过程中，教师为学生搭建支架，通过教师示范、请学生示范、再放手让全班都尝试完成，帮助学生理解故事结构，加深对故事的理解。

教学步骤	教师活动	学生活动	设计意图
While-reading	6. 学生观察图片，做出推断和评价：What do you think of these photos? How's the photographer? So we know that... It's not easy to take a photo of an elephant family. 7. 小组讨论：Can you help the photographer to think of a solution? 8. 观察、分析、判断：Where is the photographer? Can he get all the elephants in? Why? 9. 观察、评价：What do you think of the photo? 10. Listen to the story. Read the story. 11. Retell the story with the blackboard writing. 12. 学生自主划分故事结构：Beginning, Development, Ending. 13. 评价、分析：Do you like the photographer？Why? 14. 分析归纳：What can you learn from the story? 15. 类比中外文化：Have you read similar stories? Introduce them to us.	Observe, think and fill in the chart. Comment and make a summary. Work in groups and think about solutions. Observe and think. Critical thinking. Listen and read the story. Retell the story. Think and answer. Make comments. Think, compare and answer.	通过不同层次的提问，引导学生展开分析、类比、归纳、推理、评价，培养学生的思维能力。学生小组合作，思维碰撞，共同帮助摄影师解决困难，培养学生的合作探究精神。学生对照片展开分析、评价，培养学生的观察分析能力和批判性思维。通过听故事和复述故事，帮助学生再次熟悉故事，把握故事情节。帮助学生初步建立文本结构的概念。让学生评价故事中的角色，并说理由，培养学生的批判性思维。让学生总结在故事中学到了什么，培养了学生分析和提炼的能力。引导学生在记忆中搜索对比中外类似的故事，培养学生的文化素养。
Homework	1. Tell the story to your parents. 2. Photographer becomes famous. What will happen next? Write down your idea and share it next time.	Do homework after class.	通过分层作业，给予不同层次的学生自由选择作业的权利，满足不同层次学生学习的需求。

（成都高新区锦城小学　凌智丽）

教学设计 二

"Mrs. Spatt and Spider" 教学设计
——高新区小学英语绘本教学光盘赛课活动一等奖课例

一、教学内容

本课选自外研社版多维绘本阅读系列中的第七级，匹配新课程标准小学四年级。本课标题是"Mrs. Spatt and Spider"，以乐于助人、善良勇敢的蜘蛛为引入，通过蜘蛛先后到斯帕特夫人（Mrs. Spatt）的窗户、门、整栋房子织网以及厨房织网安家，斯帕特夫人由愤怒、驱赶转变到感谢、与之快乐相处为主线索展开教学，引导学生结合情景和图片，通过观察、预测、听音、阅读、模仿等，理解斯帕特夫人与蜘蛛产生矛盾、相互斗争、热心帮助、快乐共处的故事情节，能够提炼关键信息、梳理故事情节，体会故事中善待动物、关爱动物，热心帮助他人，小动物大英雄等相关寓意。

二、教学目标

1. 语言、知识目标

（1）学生能进一步熟悉不同阶段人物生气时的表达词汇，如 angry、mad、crazy、cross 等。

（2）学生能够从已知的词汇中总结出字母组合 oo、ea 的发音规律，并据此拼读出本课故事中更多符合此规律的词语，如 look、room、broom、swoosh、scream、sneak；通过 Spatt、spider 等词的拼读，初步感知 sp 这一辅音组合的发音规律。

2. 能力目标

（1）学生能运用一定的学习策略，如借助图片、录音、教师的讲解、同学合作等，读懂故事，理解故事的开端、发展、高潮和结局。

（2）学生能在教师的引导下，通过梳理蜘蛛织网的地点以及斯帕特夫人情绪、行为的相应变化，归纳出故事发展脉络，小部分学生能在本课内复述故事。

（3）学生能自主或者在小组合作、教师引导下，较为清晰地对故事中蜘蛛的行为作出评价，表达出故事寓意或者收获，提升语言表达能力。

3. 情感态度目标

（1）一定程度上了解织网对于蜘蛛、家对动物的意义，学会关爱动物。

(2) 引导学生对"小动物也是英雄""帮助他人""助人者自助"等内涵的理解。

三、教学重点

1. 引导学生梳理蜘蛛织网的地点以及斯帕特夫人情绪、行为的相应变化，读懂故事，归纳故事发展脉络，小部分学生能在课内据此复述故事。

2. 学生能自主或者在小组合作、教师引导下，较为清晰地评价主人公行为，表达出故事寓意或者收获。

四、教学难点

1. 四年级学生还没有系统学习到 sp 辅音组合的发音规律，所以当蜘蛛和斯帕特夫人同时出现时，学生可能会在发音方面存在一定的困难。

2. 因为没有学过过去式，部分学生可能对理解蜘蛛如何帮助斯帕特夫人抓住小偷的过程有一定的难度。在绘本阅读环节、故事讲解环节要适当给予一定的拼读示范和图释辅助。

3. 学生在较为清晰地表达出故事寓意或者收获方面，可能需要适当的引导、帮助。

五、学情分析

四年级学生依然处在活泼好动的阶段，他们进入小学就开始学习英语，已经有了较为扎实的语言基础和能力。同时，执教教师从二年级开始接手本班的英语教学，通过近三年时间的相处，与大多数学生有了较深的默契。学生能听懂教师的教学指令，在教师的引导下，容易调动已有的知识参与教学活动，积极、外放地表达自己。

除此之外，学生已经具备了一定的自然拼读知识，能从已有知识过渡到新词汇的拼读、学习；积累了一定的学习策略，会读图预测、勾画关键信息、合作等。学生的思维也已经逐步由形象思维过渡到抽象思维，逐步从"只看热闹"过渡到批判性思维，因此学生既会在有趣的故事中徜徉，也会静下心来关注斯帕特夫人与蜘蛛之间矛盾的开端、发展和化解，会思考故事的背后蕴藏的智慧。

虽然故事趣味性较强，但是篇幅较长，没有多次复现的句式，并且出现了大约十处过去式，因此对于四年级学生来说，40分钟实现精读是不现实的。因此，执教者在教学目标的设定上进行了相应的调整，并在教学引导过程中也适当避免大量的过去式。

六、教法学法分析

（一）教法

1. 直观教学法：利用形象、生动的图片等帮助学生强化对知识的理解。

2. 任务型教学法：通过任务驱动，设置相应问题，帮助学生阅读故事，找到答案。

3. 情景交际法：请学生模仿故事中的人物对话，或者选择模拟故事中某一场景，加深故事理解，提升语言表达能力。

（二）学法

1. 自主学习：独立阅读故事，尝试拼读、模仿、回答问题等。

2. 合作学习：小组讨论、合作，分享所感所获。

3. 做中学：学生在完成任务的过程中完成语言的输出、思维品质等的培养。

七、教学资源

printed picture book, PPT, multimedia, video blackboard design, etc.

教学步骤	教师活动	学生活动	设计意图
Step 1：Free talk（2 mins）and warm-up（3 mins）	Greetings & Free-talk. T：What are your hobbies? What's your favorite animal? Warm-up and lead-in T：Let's watch a cut-video "SpidermanⅠ"（from 0：09：28 to 0：10：23） Talk about the cover T：What's the title? What else can you know? Press? Editor? What do you know about spider? Who is he（spiderman）? Is he a hero? Why?	1. Answer the questions. 2. (1) Warm up. (2) Try to activate their background information about spider according to the covers and prepare for the reading. （3）Spider：small, eight legs, dangerous, make a web to live or catch insects, etc.	1. 通过简单的问答来帮助学生进入英语学习。 2. (1) 通过与本课主题有关的剪辑视频活跃气氛，引入故事。 (2) 通过封面上的已有图文信息，在教学中培养学生阅读习惯，了解必要的文体、作家、插画师等阅读常识。 (3) 激活学生关于蜘蛛的背景知识，帮助学生阅读和理解故事；通过蜘蛛侠的引入，与本课一开始的蜘蛛形象形成对比，激发学生阅读兴趣，同时为后文的评价活动作铺垫。

续表

教学步骤	教师活动	学生活动	设计意图
Step 2： Preview (5 mins)	Read PP. 1－7 Q&A T：Is Mrs. Spatt happy... Why? What does she say?（随后听录音） T：Try to figure out which is messy. T：What does she do? Ss：Got a broom and went swoosh. T：Can you try to spell these words? cook/foot/root/room/broom/swoosh T：But the spider did come back? How does she feel? S：Cross. T：Who can try to act the feeling of "cross"? T：What does she do this time? S：Got her big hose and swoosh away. T：The next day, where does Spider make the web? S：Over the house. T：But why Mrs. Spatt is happy now? What happened? Can you guess? Read PP. 8－13 and find the answer. (2 Mins)	Observe the pictures or read the first pages, and then answer these questions.	1. 引导学生学习人物生气时不同情绪阶段的描述性词汇。 2. 引导学生从已学的词汇中，总结字母组合 oo 与 ea 的发音规律，并运用此规律拼读故事中出现的新词。 3. 了解故事基本人物和开端，激发学生阅读兴趣，教会学生观察图片、预测、听关键信息等学习策略。

续表

教学步骤	教师活动	学生活动	设计意图
Step 3：View (12 mins)	Pictures Travelling from PP. 8－13. T：Who is the man in black? S：Robber. 1. 模拟场景：If you were the spider, what will you do? T：What does spider in the story do? S：Make a web over the house.（注意：多只蜘蛛集体出动） 2. Try to explain "sneak out" with pictures and arouse Ss to imitate. 3. So the neighbors hear the screaming, What do these people do? 4. T：Let's do a role play "robber, spider and the neighbors". 5. T：Why is the spider dancing. S：He help to catch the robber. T：So does Mrs. Spatt swoosh him away? S：No，they become fiends. Play the tape & Students listen and point. （备注：本课信息量较大，在第一课时内暂时不要求指读课文）	1. Try to spell the word "robber" and understand its meaning. 2. Imagine and express. Find out the information and imitate. 3 & 4. Role play together. One student is the robber. Group 1－neighbor 1. Group 2－neighbor 2. Group 3－neighbor 3. Group 4－neighbor 4. Talk about the ending. 5. Listen，point and read.	1. 帮助学生准确理解 robber 这个单词。 2. 鼓励学生发挥想象，用英语思考、表达。 3 & 4. 借助图片，理解重难点词汇；通过模仿、角色扮演，加深对故事人物角色的理解。 5. 语音输入，帮助学生建立音、形、义之间的联系。
Step 4：Review the story (8 mins)	Try to number the pictures. Review the story and blackboard-writing. Meanwhile，some students try to retell the story together with the teacher, with the help of tips.	Put the pictures in order. Review the story based on the tips on the screen.	进一步熟悉故事情节，梳理脉络。 在前期语言输入的基础上，小部分学生尝试复述故事，增强语言表达能力和英语思维能力。

续表

教学步骤	教师活动	学生活动	设计意图
Step 5: Production & development. (10 mins)	In the story, is the spider a hero? If you are Mrs. Spatt, how do you feel now or what do you want to say? Can you think of another title for the story? What do you learn from the story?	Try to say something about the spider's behavior. Think about another title, eg: the clever spider, spider catches the robber. Be kind to animals, help others to help themselves, etc.	通过自己对故事的理解，尝试评价人物。给予学生表达自我的机会。情感态度价值观的教育：一定程度上了解家对动物的意义，学会关爱动物；引导学生理解"助人者自助""小人物大英雄"等。
Step 6: Homework (1 min)	学生可以根据自己的能力水平选择不同层次的作业。Tell the story to your families or friends. Retell the story.	记录作业，并依据自己的兴趣和能力选择作业。	不同层次的学生都可以通过作业发展他们的能力。

（成都高新区锦城小学　程晓琳）

第三节　"智悦英语"教学研讨

教学研讨　一

绘声绘色　感受英语绘本阅读魅力
——锦城小学"乐群教育"之英语绘本课堂教学反思

　　成都高新区锦城小学在学校文化理念指引下，推进"乐群教育"。2018年，结合"中小学生核心素养"和城市发展规划，学校为"乐群教育"注入了新的内涵和活力，明确提出"乐群教育"是尊重生命个体的多样性，充分发挥集群优势，营造愉悦的氛围，倡导合作的方式，实现生命个体与群体共同发展的教育。"乐群"是一种情感、情操、情愫，"优美和乐·共同协作"是乐群教育精神所在，彰显了"生态宜居、和谐共生"的城市发展理念。

从 2013 年起，学校乐群教育在语文学科率先展开并取得了丰硕的成果，先行实验取得了一定成效。从 2018 年起，乐群教育在其他学科全面铺开，包括英语学科。

本文即以锦城小学两位英语教师的绘本课为案例，介绍乐群教育理念在我校的实施情况。

一、变"课堂"为"学堂"，凸显学生主体地位

程晓琳老师带来的"Mrs. Spatt and Spider"一课围绕动物展开。一开始她让学生谈谈他们喜欢的动物，并通过电影《蜘蛛侠》引入本故事主角蜘蛛。

接着让学生猜测绘本故事中的蜘蛛是否是英雄，房子的主人斯帕特夫人家布满了蜘蛛网，为什么她还那么开心。接下来的第一个环节程老师先展示了绘本的第一幅图：Where is Spider? What's Mrs. Spatt's feeling? 抛出问题让学生进行观察及猜测，并逐渐展开故事的讲解。学生怀着好奇心去听录音、看图片，发现蜘蛛在家中不同位置布网后斯帕特夫人的各种反应，并渐渐发现她从生气、愤怒、疯狂到开心的原因。丰富的教学手段、有趣的教学内容既吸引学生的注意力，又让学生学习了如何表达。

紧接着通过"Do you like Spider? Why?"等问题过渡到"If you were Mrs. Spatt, what will you say to Spider? Can you give me another title?"。在学生逐步深入的思考和回答中，让学生关注到动物与人类共生的特点，意识到要和动物做朋友。而且要像小蜘蛛一样，与人为善，尽自己所能帮助别人，让学生对绘本有了更为深入的了解。最后让学生为绘本取一个名字，从而揭示绘本主旨：It's good to help others. 在整个教学过程中，教师大胆放手，让学生成为教学的主体，真正体现了乐群教育的主旨。

二、构建"悦身心·会合作·善思辨"的课堂样态

凌智丽老师执教的"A Photo of an Elephant Family"这堂课，从容温润，课堂透着光。她带着五（2）班学生走进绘本中两位主角：一位是想要拍张全家福的大象，另一位是摄影师小老鼠，以及围绕小老鼠想办法为大象家庭拍照为主题展开的故事。

为了让学生能够理解故事，感受阅读的快乐，凌老师用和这一绘本故事相契合的五（2）班同学们的各种合影引入课堂，介绍各种合影的效果。整堂课中，有很多 guess（猜）、think（思）、watch（看）、image（想像）

的阅读细节贯穿其中。比如看图观察大象看到小小老鼠摄影师的心情，问学生："他开心吗？""他满意吗？""为什么？"猜的过程中，凌老师还用手扶一扶往下滑的眼镜，形象地帮助同学们得出结论：The elephant was surprised。

是啊，一个庞大的大象之家，要让一个小小老鼠摄影师来完成摄影，那难度可想而知，也难怪大象惊诧得眼镜都快掉啦！大量的想一想、猜一猜，启发了学生的思维和表达。最后结局是小小老鼠摄影师想出了绝招，在直升机上给大象拍全家福。由此延伸：谈论自己遇到困难该怎么办？学生说："I will never give up！"（我会和小老鼠摄影师一样永不放弃！）绘本表达的意义在这一活动中得以呈现。这个绘本故事让学生理解了到做人做事要坚持到底，有恒心，会变通，绝对不要放弃，才会迎来成功这个道理。

在这两堂课中，学生们充分投入学习，在合作中思辨碰撞，在合作中愉悦身心，课堂中有笑声有掌声，学生在绘本阅读课堂上充分感受到了绘本阅读的魅力，这样的课堂也真正体现了锦城小学乐群教育的特质：教师乐教，学生乐学。这两堂课实现了课堂教学从知识本位到育人本位的转变，让乐群教育下的课堂教学再一次焕发出蓬勃生机。

（成都高新区锦城小学英语组　杨良斌）

教学研讨　二

"乐群"在英语绘本教学中的体现

"乐群"一词最早出现在《礼记·学记》中："一年视离经辨志，三年视敬业乐群。"这里的"乐群"是古代学校对入学三年的学生考核的基本要求。我们认为"乐群学堂"的关键是关注并培养学生的观察与质疑能力、自主学习与合作交流能力、实践与创新能力等。"乐群"既回答了"培养什么人"的问题，又回答了"怎样培养人"的问题。以下我就如何在绘本教学中体现"乐群"谈谈我的看法。

一、读懂封面，让学生"乐于学习"

准备读一本绘本时，可以先观察绘本的封面、封底、环衬和扉页，这些上面的图文信息除了吸引我们的好奇心，还可以帮助我们把握主题、推测故事情节。当然，封面还可以把这本书的创作者和出版者介绍给我们，让我们对该绘本有较为全面的了解。

我校英语教研组教研活动中程老师的"Mrs. Spatt and Spider"一课的教学中，教师引导学生观察封面、读封面，学生不仅了解了本书的作者、出版社等基本信息，还通过封面明确该故事发生在斯帕特夫人和蜘蛛之间。凌老师的课堂教学"A photo of an Elephant Family"也是通过引导学生观察封面图片，让学生猜测大象和老鼠之间的关系，继而推测故事内容。但是斯帕特夫人和蜘蛛、大象和老鼠之间到底发生了怎样的故事，我们不得而知，只有在正文中才能找到答案，于是学生便带着这样的好奇心在读的过程中找出一个个答案。好的封面正如一个故事采用了插叙或者倒叙结构一样，设置悬念，充分激起读者阅读的兴趣与冲动，进而乐于学习，达到更好的阅读效果。

二、通过板书内容，帮助学生表达沟通

绘本几乎都是叙事脉络清晰、结构明显的故事，有的是发散式结构，有的是线性结构，有的是环状结构……例如"Duck on a Bike"采用发散式的结构，以鸭子为中心，以在农场里遇到的其他动物为发散点构成故事，通过不同动物的心理活动，将鸭子聪明勇敢、乐于尝试的优良品质展现在我们面前；"Rosie's walk"采用线性结构，以母鸡罗茜（Rosie）的行程为主要线索，在行程中，狐狸几次伺机下手，却屡遭失败，虽然母鸡毫未察觉狐狸的威胁，但是机缘巧合之下却一一化解；"The Very Hungry Caterpillar"采用环状结构，从一枚虫卵说起，讲述一条毛毛虫变成蝴蝶的过程，因为毛毛虫变成蝴蝶后就会产卵，故事就会再一次发生，不停地重复……

有了板书的帮助，学生理解故事内容和结构就会容易许多。今天两位教师选择的绘本故事"Mrs. Spatt and Spider""A Photo of an Elephant Family"都属于线性结构的故事。在教学过程中，教师引导观察—提问设疑—激趣阅读，学生观察推测—阅读思考—理解内化，通过师生活动，最后教师将整个绘本故事的脉络清新呈现在黑板上，既言简意赅，又鲜明醒目，不仅帮助学生理清故事线索，了解故事发展，更重要的是为学生后续的复述、创编等语言输出打下了扎实的基础。

三、指导学生分析绘本线索，鼓励创新

英文绘本为学生提供了完整的英文文本和丰富的语境，是提高英语阅读素养的良好材料。引导学生分析绘本线索，可以提高学生语言应用能

力。以"Mrs. Spatt and Spider"为例。这个故事有两条线索，一条线索是蜘蛛织网地点的变化，window—door—house—kitchen，另一条线索是斯帕特夫人"angry — cross — happy"的情绪变化过程及相应的行为。在分析这两条线索的过程中，学生可明确地看到在蜘蛛的织网地点的语言表达（Spider made a web over the...）以及斯帕特夫人的不同情绪的描述（Mrs. Spatt was...）。语言的持续输入，为学生的语言输出奠定了基础。另外，教师在引导观察斯帕特夫人的情绪时，还设置了悬念：Why was Mrs. Spatt happy at last? 并引导学生自读，去文中找出答案。在这样的学习过程中，不仅让学生掌握了绘本故事中的语言点，还让学生对绘本故事的结构有更为细致的把握，在此基础上，设置开放性任务，鼓励学生创编结尾，这不仅最大限度地发挥了学生的想象力、创造力，还为学生英语口语交际能力及写作能力的提高做好了准备，打下了基础。

英语课堂以绘本为载体，培养学生"乐于学习""善于沟通""勇于担当""敢于创新"的品质。

（成都高新区锦城小学　陈敏）

第六章　乐群学堂之艺体综合学科

第一节　艺体综合乐群学堂概述

艺体综合学科是围绕审美、创造、实践、综合运用等展开的学科，包括体育、美术、音乐、科学等学科，主要培养学生的学科兴趣，启发学生的综合思维，提升学生发现美、创造美的能力，培养学生的创新实践能力和动手操作能力，各学科在彰显学科特征的基础上，更注重学生综合素质的培养。

"创美科学"以培养学生的科学兴趣，启发学生的科学思维，培养学生的创新实践能力和科学态度为主要目标，充分挖掘学生内在潜力，展示学生特长、发展学生个性、培养学生创新精神和实践能力，不断提高学生爱科学、用科学的意识。

"乐趣美术"遵循"乐趣融合，以美育人"的思想内涵，引导学生发现美，感受美，创造美。在美术的世界里自由翱翔，感受"乐"和"趣"，获得思想启迪，领悟"美"的真谛。

"乐群体育"不是纯粹的身体练习，就像一个人的身心不可分离，运动不仅强健肌肉、增强心肺功能，也强健我们的大脑，强大我们的内心，以体育智、以体育心是培养学生全面发展的必修课。学生通过学习与练习最终获得成功，通过奋斗与拼搏赢来胜利，并最终体会体育之"乐"。同时在练习时同学间的互帮互助、相互鼓励的温暖会成为一生的宝贵精神财富，这就是体育之"群"。

"美创音乐"以"音乐"的"旋律美、歌唱美、动作美、文化美、创造美"激发学生的美学感知。首先帮助学生学会聆听音乐的旋律美，触发热爱歌唱、学会模仿的意愿和冲动；继而感受音乐美中的动作美，乐中有聆听的静也有舞蹈的动；最后激发学生自己创造设计，表达属于自己的音乐美的意愿。

一、艺体综合乐群学堂内容体系

艺体综合乐群学堂内容体系主要包括国家基础课程和"学科＋"拓展性课程。国家基础性课程是课程实施的重心，要求全员参与。拓展性课程以"学科＋"的形式对国家基础性课程进行延伸、补充、拓展和整合，旨在分层分类，促进个性发展。两者共同建构多元立体的学科课程群。

（一）"创美科学"课程结构

"创美科学"在"互联网＋"的启发下，以科学学科内容为基石，在"学科＋"的理念下，运用信息技术，融通学科内容，联系社会生活，主要开展四大类拓展性课程，分别建立了"科学＋实验""科学＋种植""科学＋活动""科学＋生活"等创新课程群，丰富课堂学习内容。具体课程结构如表6－1所示。

表6－1 "创美科学"课程结构表

	基础性课程	科学＋课程（拓展性课程)			
		科学＋实验	科学＋种植	科学＋活动	科学＋生活
面向群体	全体学生	全体学生（分层分类）			
课程特点	注重学科核心知识与实践技能的掌握	提升阅读水平，扩大知识面，扩充学科领域的深度和广度，强化实践和探究能力			
课程宗旨	增长知识与技能，培养学科态度，树立科学价值观	培养对科学的兴趣，提高创新能力和探究能力			
课程内容	按国家课程标准教科版教材及配套材料制定	趣味实验、科学小制作、科普知识	开心农场	科技节课程	生活中的科学
教师行为	按照课程纲要，整合课程	开展特色活动课程，开展科技节			
教学形式	常态课	社团课、科技节、学科活动			
评价形式	多种评价方式结合	竞赛活动、展示活动			

1. 科学＋实验

争当小实验家以"培养学生的科学兴趣，启发学生的科学思维，培养学生的创新实践能力和科学态度"为主要目标，以"让学生在做中学、在学中做，校内为主、家庭为辅"为主要学习方式，在自己的实验中发明、制作，简单的小实验让学生边动手实践、边观察思考，在观察中产生疑惑，在动手实践中得到真实的感受和体验，从而激发学生的科学兴趣、探究和创造的欲望，培养学生的动手实践和创新能力。

2. 科学＋种植

为了进一步全面推进素质教育，促进学生的全面发展，结合我校的校本资源以及校园内现有场地，特开辟"科技农场"劳动教育基地，开展锦城小学劳动教育特色课程。"科技农场"劳动教育基地的开设，激发了我校学生的劳动热情，增强了学生对种植活动的兴趣，使学生热爱自然，亲近植物，懂得如何观察、了解、照顾它们，同时喜欢农耕活动；通过种植、饲养、采摘等活动，逐步扩大探索视野，提高学生的社会实践活动能力，培养学生的科技思维和科技能力。

3. 科学＋活动

开展科技创新活动是提高青少年科技素养、开发科技人力资源、提高国民创新能力的重要途径。通过丰富多彩的科技教育和科技创新活动，激发广大师生爱科学、讲科学、用科学的热情，培养学生的创新精神，促进师生科学素养和实践能力的全面提升。培养学生"敢于探索、勤于动手、勇于创新"的科学精神，不断推进我校素质教育和科技创新活动的全面实施。

4. 科学＋生活

引导学生认识厨房里的各种食材和调味品，观察它们的特征和丰富的变化，发现科学原理，培养学生的探索能力。通过"食物探究"和"科学实验"等活动来拓宽学生的科学知识面，提高实践探索能力；围绕制作食物、营养饮食等话题，培养学生热爱生活、注重健康的意识；通过食物间丰富的变化，引导学生去发现、感受，逐步了解相关的科学原理，增强学生对科学的兴趣。

（二）"乐趣美术"课程结构

"乐趣美术"课程结构采用国家基础性课程和特色课程结合模式，基础性课程是指国家美术课程标准规定的基础课程，特色课程是指我校开发研究的青铜文化特色课程和天府文化课程。以国家基础性课程为中心，从造型与表现、设计与运用、欣赏与评述、综合与探索四大领域进行研究，开发天府文化课程和青铜文化课程。具体课程结构如表6－2所示。

表6－2 "乐趣美术"课程结构

	基础性课程	美术＋课程（拓展性课程）			
		青铜＋绘本	青铜＋场馆	青铜＋文创	青铜＋数字媒体
面向群体	全体学生	全体学生（分层分类）			
课程特点	注重学科核心知识与实践技能的掌握	巩固多元美术技能，更将"美"和"文化"贯穿其中，形成具有文化印记的审美品位			
课程宗旨	培养形象思维能力，提高审美素养	树立浓厚的民族文化意识，自信快乐地进行美术创作活动，热爱历史文化，热爱中国传统艺术			
课程内容	按国家课程标准人美版教材及配套材料确定	《青铜漫画》《青铜国》《梦回金沙》《梦里古蜀》《古风蜀韵》	综合实践	青铜摆件（铺首衔环）、青铜文创绘画瓷盘、青铜文创挂件、青铜书签、青铜动物纹饰相框	"铭文书法工作坊""拓片工作坊""青铜交互式数字工作坊""青铜纸模工作坊"
教师行为	按照课程纲要，整合课程	结合青铜文化进行资源整合			
教学形式	常态课	社团课、工作坊			
评价形式	多种评价方式结合	展演、成果展示			

1. 青铜＋绘本

"青铜＋"课程是基于我校青铜特色课程的传统，着眼于青铜课程形式的多元化发展而开展的一系列拓展课程，其主要目的是分析和介绍青铜艺术，传承天府文化。我校在高年级段（五、六年级）开展青铜绘本课程。绘本课程初级阶段：阅读青铜相关绘本，如《青铜漫画》《青铜国》《梦回金沙》。绘本中级阶段：教师指导学生编写青铜故事脚本。青铜课程高级阶段：学生根据编写的脚本，在教师的指导下，使用染色纸等材料，采用撕、贴等形式进行绘本创作。我校学生所创作的绘本作品有《梦里古蜀》《古风蜀韵》等。

2. 青铜＋场馆

基于我校青铜特色课程的需要，学校增设了"青铜坊""古风蜀韵"两个博物馆，为学校师生搭建了展示、体验和学习的平台。同时学校积极打破校园围墙的束缚，依托成都优渥的天府文化资源及学校优越的地理位置，让学生走出教室，走进博物馆及各类艺术类场馆。相对于传统教学模式，"青铜＋场馆"的模式提升了教学的开放性、实践性和综合性，学生学习过程更具有真实性和体验感。到访的场馆有广汉三星堆博物馆、四川省博物馆、当代美术博物馆、朱成石刻博物馆等。

3. 青铜＋文创

我们通过对三星堆青铜文化所包含的课程知识资源进行整合，提炼出与青铜相关的美术知识，开设美术赏析、造型表现和设计应用等课程，促使文创课程目标的落实。文创产品是学生青铜课学习成果的衍生产品，基于我校现有青铜文化资源进行创造和设计，具有一定的实用性和美观性，成为学校对外展示交流的文化桥梁，对学校青铜文化具有积极地宣传作用。例如青铜摆件（铺首衔环）、青铜文创绘画瓷盘、青铜文创纸模、青铜书签、青铜动物纹饰相框等。

4. 青铜＋数字媒体。

数字媒体课程将现代视觉形象与古老艺术形式相结合，打破时空界限，体现传统文化延续的生命力。因此学校开设了"铭文书法工作坊""拓片工作坊""青铜交互式数字工作坊""青铜纸模工作坊"，让书法、拓片、漫画面具、青铜纸模艺术作品与古蜀先民留下的文化瑰宝通过交互式数字技术实现对话碰撞，让学生在活动中学习，有品质地成长。

（三）"乐群体育"课程结构

"乐群体育"课程结构采用"1＋4"模式，其中"1"指的是基础性课程，"4"指的四类"体育＋课程"，以基础性课程为中心，向数学、音乐、语文、生活四个方向延伸（见图6—1）。

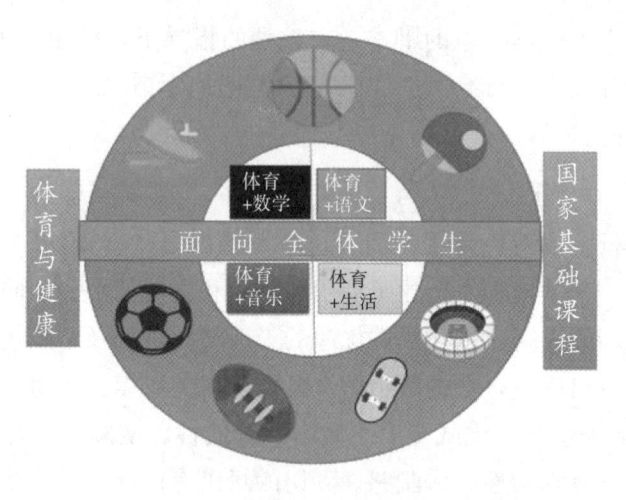

图 6-1 "乐群体育"课程结构示意图

目前我校"体育+"课程开展了四大类拓展性课程，共有 24 门，这些课程分层分类，学生可根据不同学习水平以及学习兴趣来选择参加。为了帮助学生提高身体素质，激发运动兴趣，学校开设了基于体育学科的跨学科课程"体育+数学""体育+音乐""体育+语文""体育+生活"（见表 6-3）。

表 6-3 各年级"体育+"（拓展性课程）内容表

年级	"体育+"（拓展性课程）			
	体育+数学	体育+音乐	体育+语文	体育+生活
一年级	数字游戏	小鸭子障碍赛	古诗韵律操	我是小交警（队列队形）
二年级	神机妙算	好朋友搬新家	动物模仿秀	我是掷远小战士（单手持轻物掷远）
三年级	几何图形	春天举行运动会	古人的运动方式	丛林穿越（"8"字跳长绳）
四年级	争分夺秒	我们大家动起来	体育高手的故事	扬帆起航（肩肘倒立）
五年级	12 点方向	我是运动达人	体育播报员	小红军走长征（障碍跑）
六年级	点、线、面	永远是朋友	奥运故事	我是中华小少年（少年拳第一套）

1. 体育＋数学

"体育＋数学"课程基于学生思维特点，能够使学生更好地参与体育活动，更积极地锻炼身体，提高运动能力。"体育＋数学"课程以活动为主要形式，主要培养学生在体育锻炼中的思维能力，通过对图形、数字、数学符号等的认识，使学生在锻炼身体的同时拓展思维能力。

2. 体育＋音乐

"体育＋音乐"课程，体育教师在组织开展教学活动时，融入音乐学科元素，活跃课堂氛围，创新教学方式，增强课堂整体的艺术性，让学生在良好的氛围中感受体育学科的趣味性，从而积极参与课堂活动，激发学生的学习兴趣，全面提高学习质量。课程以情境引入，音乐配合，最后达到完成课堂目标、锻炼身体的效果。学生根据教师提供的音乐，创设更多的锻炼形式，充分体现以学生为主体的教育理念。

3. 体育＋语文

"体育＋语文"课程以体育项目为基础，语文课为内容，相互结合而成。课程通过丰富的动作模拟汉字形态，让学生体会语言的美，利用体育游戏和体操让古诗背诵不再枯燥，通过体育故事加深学生对体育和语文学科的理解。如一年级的"古诗韵律操"通过操课的形式加深了学生对古诗的印象。

4. 体育＋生活

"体育＋生活"课程是教师通过情境创设的方式来开展的，每个年级有一个单元的体育＋生活课，通过情境创设，学生主动合作，增强学生学习的积极性，又将生活中的所见所闻运用到体育课中。它优化了体育课的学习方式，强调学生在体育学习过程中的积极能动性，增强学生学习意识，培养学生综合运用所学知识的能力。例如在四年级开展的"扬帆起航"活动中，教师创设情境，设置疑问，激发学生学习激情，学生在探索过程中主动学到了技能和知识，又提高了团结协作解决问题的能力，增进了同学间的友情。

（四）"美创音乐"课程结构

"美创音乐"的课程结构采用"1＋4"模式。其中"1"是指根据新课程小学音乐标准规定的基础课程，"4"是指4类具有不同课程目标的音乐拓展课程。以基础性课程为中心，从表现、审美、创造、文化四个不同目的方向延伸拓展。表现包括歌唱和演奏，审美代表音乐欣赏，创造代表游戏活动以及自由编创的主题内容，文化指文化传承。

目前我校的"音乐＋"课程主要以表现、审美、创造、文化四部分为主，一起称为"音乐活动"，主要通过体验、模仿、探究、合作、综合五个方面的方法来让学生体会不同音乐的美。

1. "音乐＋表现"

音乐是舞台的艺术。从小到教师课堂的活动展示，大到学期的"银杏舞台"，都是学生展示自我的舞台。在舞台上，学生感知音乐的美，唱出自己对艺术的热爱，演奏出音乐的旋律美。

2. "音乐＋审美"

音乐是需要感知评价的艺术。学生通过聆听、模仿、探究、合作，对音乐的美产生兴趣，才会欣赏音乐的美，这就需要音乐教师带领学生欣赏音乐艺术的美。

3. "音乐＋创造"

音乐艺术的创造是没有尽头的，当学生对音乐美有了前两项的正确感知，我们可以通过模仿，引领对音符旋律或者节奏的创编学习，积累感性经验，为学生音乐表现和创造能力的更好发展奠定基础。通过有趣的音乐游戏，激发学生的音乐好奇心和探究欲。

4. "音乐＋文化"

音乐的美是历史文化的积淀，是文化传承的接力棒。在学生心中种下美的种子，直到生根发芽，结出文化传承的硕果。

根据小学音乐新课程标准，音乐课程目标的设置以音乐课程价值的实现为依据。我们通过教学及各种生动的音乐实践活动，培养学生的音乐感受与鉴赏能力、探究与创造能力，提高音乐文化素养，丰富情感体验，陶冶高尚情操。

二、艺体综合乐群学堂形式体系

（一）艺体综合基本样态

在艺体综合"乐群学堂"的实践中，各学科逐步形成了"个体独学、小组合学、师生共学、总结拓学"四环节为主的基本教学样态（见图6－2）。

图6－2　"乐群学堂"四环节图

（二）"创美科学"创新样态

"创美科学"以"四环节"为基本样态，鼓励教师根据不同年级、不同课型细化创新，衍生出"小学科学乐群学堂"基本样态下的创新形式和多样方法，主要有增添式、删减式和结合式三种。

1. 增添式：根据教学内容的需要，可以在"四环节"基础上进行增添和循环，并将学习时间从课堂向课前、课后延伸，如图6－3所示。

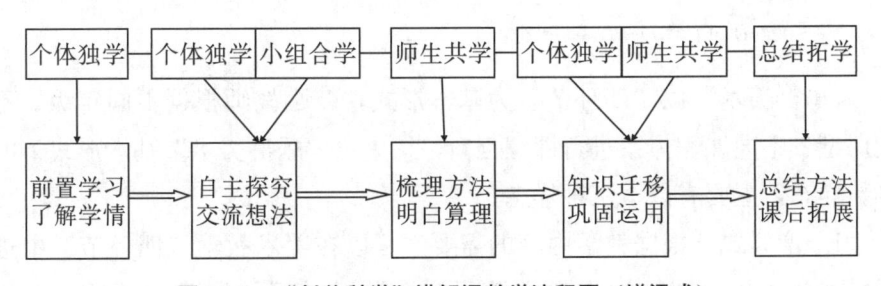

图6－3　"创美科学"讲解课教学流程图（增添式）

2. 删减式：根据课型和教学内容的需要，在基本操作模式的基础上，做了一些环节的删减，如图6－4所示。

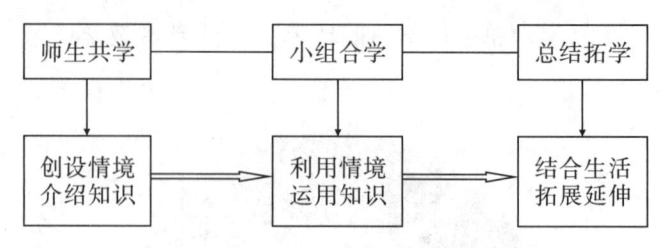

图6-4 "创美科学"演示课教学流程图（删减式）

3. 结合式：每节课的流程不必都按照基本操作模式进行，不必分得过于清楚细致，可以有机地进行结合，如图6-5所示。

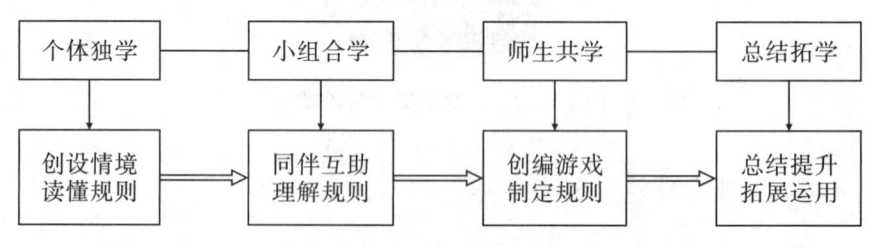

图6-5 "创美科学"演示课教学流程图（结合式）

"创美科学"关注儿童生活，针对不同学段、不同内容，采用不同路径，不断改进课堂学习模式，将培养"悦身心·会合作·善思辨"的乐群品质落到实处。

（三）"乐群美术"创新样态

"乐群美术"以"四环节"为基本形式，鼓励教师根据不同年级、不同课型、不同课程体系进行课程创新，衍生出"乐群美术"基本形式下的创新样态，主要有以下三种样态。

1. 增添式：根据教学内容的需要，可以在美术教学"四环节"中进行增添和循环，鼓励学生自主学习，将学习时间从课堂向课前、课后延伸。

2. 删减式：随着课程改革的实施和不断深入，"填鸭式"的美术教学有碍学生多维度的想象和创新能力的发展。根据课型和教学内容的需要，在基本操作模式的基础上，可以进行一些环节的删减，真正做到以学生为主体，以生为本。鼓励学生的求异思维，为学生团队合作创造机会，正面引导，精简评价语言，从而实现课堂的高效率。

3. 结合式：美术课的流程不必完全套用基本操作模式，在秉持以儿童为中心的原则下，可根据课程教学目标将乐群学堂各个环节有机结合。比如低年级段美术课中关于线条变化的学习与掌握，我们在"个体独学"环节将学习主体进行了结合，以学生的自主学习为主，以教师创设游戏情境为辅，形成师生、生生之间的共学式。

"乐群美术"关注儿童生活，针对不同学段、不同内容，采用不同路径与方法，不断改进和提升课堂学习模式，将培养"悦身心·会合作·善思辨"的乐群品质落实到位，使学生从传统的狭小有限的美术课堂中解放出来，给学生更多表达自己感受的机会，将过去单一程式化的学习内容、学习方式、学习评价多元化，激发课堂活力，给学生更多学习锻炼的机会。

（四）"乐群体育"创新样态

"乐群体育"以四环节为基本教学样态，鼓励教师根据不同年级、不同课型，结合"体育+"的跨学科课程融合特点，有利于提高学生的上课积极性，提升教师的教学时效性。同时，在创新过程中强调学生的亲历、参与和体会，为培养学生综合素养不懈努力，在立德树人中体现学科价值。

1. 教法与学法

开始部分：利用游戏等方式趣味热身，激发学生学习兴趣。

基本部分：（1）教师导入本节课教学内容，学生个体独学尝试练习；

（2）教师示范教学动作，针对学生的问题进行讲解。

2. 师生共学：教师对学生的错误动作及时进行纠正，对于学生好的创意及动作进行及时引导和表扬，同时教师可以从中学到好的教学方法及思路，创造出师生共学的良好氛围。

3. 小组合学与个体独学相结合进行强化练习

拓展部分：通过游戏或比赛巩固本节课教学内容，强化体能，引导学生挑战更高难度的技术动作。

结束部分：整理放松活动，回顾评价与小结，归还器材布置课后作业，下课。

（五）"美创音乐"创新样态

"美创音乐"以四环节为基本样态，教师根据不同年级、不同课型衍生出小学音乐"乐群学堂"基本样态下的创新形式和多样方法。

1. 增添式：根据教学内容的需要，可以对基本操作模式进行增添和循环，并将学习时间从课堂向课前、课后延伸。

2. 删减式：根据课型和教学内容的需要，在基本操作模式的基础上，可以进行一些环节的删减。比如传统的音乐课堂以教会一首歌为目标，进行各个知识点的发散教学。我们可以适当地把这个目标缩小，对传统音乐课的内容进行删减，以教方法为主。

3. 结合式：以多种教学方法合教学模式结合的方式，不是简单的学科融合，是循序渐进和水滴石穿，用多种感官配合的结合教学法引导学生活学活用。

第二节　艺体综合乐群学堂典型教学设计

教学设计　一

《我怎样长大》教学设计
——成都高新区锦城小学名优教师优质课例

【教学内容】选自人民音乐出版社出版的义务教育教科书《音乐》（简谱）五年级上册第二单元第二首演唱歌曲。

【教材分析】

《我怎样长大》是影片《烛光里的微笑》中的一首插曲。影片描述了一位女教师在教育岗位上"燃尽自己、照亮他人"的感人事迹。歌曲为3/4拍，宫调式，二段体结构，曲调优美抒情，词意简练。第一乐段为齐唱，曲调平稳；第二乐段为合唱，曲调舒展。两个乐段形成对比。歌曲借"小树"这一形象抒发了学生不怕困难、不怕风吹雨打、渴望幸福成长的真切情感。

【学情分析】

五年级的学生接受能力较强，且已拥有一定的音乐基础知识和演唱多声部歌曲的能力，他们对音乐学习充满浓厚的兴趣，大部分学生能够运用科学的发声方法，有情感地演唱歌曲。但要在一节课的教学时间完成这首二声部的合唱，对教师、学生都是一次挑战。因此，需努力做到课堂的高效性、趣味性，层层深入地解决课中难点，水到渠成地让学生在合理的情境创设中完成二声部合唱。

【设计理念】

1. 以学校"乐群学堂"课堂特征"悦身心·会合作·善思辨"为主旨，课中落实"个体独学、小组合学、师生共学、总结拓学"为基本样态的"乐群学堂"形式体系。"乐群学堂"教师乐教、学生乐学的教学形式，适合小学音乐课堂教学，适合音乐教学中的合唱教学。合唱教学就是与他人合作，共同用优美声音演绎歌曲，让学生在合作学习和表演实践过程中，形成良好的群体协调能力和宽容理解、共同参与的集体主义意识，以及相互尊重合作的精神。

2. 合唱有极为丰富的艺术表现力和感染力，能让学生充分体会到人声的另一种美，对培养学生独立感、协调感、均衡感等综合音乐感受力和集体观念、协作精神具有不可替代的作用。选择合唱歌曲《我怎样长大》作为研究课内容，是对课程标准中"着重加强合唱教学"思想的落实。

3. 为破解合唱难题，践行"设计丰富的音乐实践活动，引导学生主动参与"的课程设计思路，将音乐与儿童生活紧密联系，引入儿童生活中熟悉的"声音图谱"，通过游戏化方式让学生直观感受音的高低、长短，同时用"音画结合"的方式，进行和声片段演唱，让学生在轻松、愉悦的多声部氛围里获得信心，为完成整首歌曲的演唱打下基础。

4. 合唱不是目的而是手段，培养学生多声部听辨能力和表现力才是目的。合唱不是简单的"一声部＋二声部"，而应是整节课贯穿多声的理念，师生问好—音画游戏—歌曲学习—拓展活动，始终让学生浸润在多声部的音响中。最后希望通过本节课的学习能够让学生感受多声部音乐的魅力，喜欢上合唱这种演唱形式。

【教学目标】

1. 在聆听、绘制图形谱、音画游戏的过程中，与同伴合作唱好《我怎样长大》的齐唱部分，并准确演唱合唱部分的其中一个声部。

2. 在演唱、听辨的过程中，巩固三度和声音程的音高感觉，准确演唱带弱起节奏的乐句，并表现出3/4拍的韵律感。

3. 在观看电影视频和演唱歌曲的过程中，感悟克服困难就能不断成长的意义，体会歌声所体现的渴望成长、不怕困难的情感。

【教学重、难点】

1. 准确演唱歌曲中的大跳音程。

2. 准确演唱带弱起节奏的乐句，并用歌声表现三拍子的韵律感。

3. 能全班合作完成二声部演唱。

【教学过程】

1. 多声部师生问好（设计意图：本节课将学习二声部合唱歌曲，从师生问好开始为学生营造多声部听觉环境，使学生在实践中建立多声部概念）。

师：亲爱的同学们，快乐的音乐课开始啦！请听琴声，看着刘老师的手势演唱吧！

2. 音画游戏——音程感知练习（设计意图：观看音乐喷泉视频，旨在激趣引入，让学生静听、静观后找到喷泉视频与音乐相关联的信息，引出音频图）。

（1）联系生活，激发兴趣（个体独学）

师：同学们，今天这节课我们先来欣赏一段视频，看你能从视频中发现哪些与音乐相关的信息？请看（播放音乐喷泉视频）。

师：是的，音乐喷泉水会随着音乐的节奏、强弱等变化而舞蹈。其实，生活中音乐无处不在。人们常说音乐是流动的艺术，有人就用音频图的方式记录音乐流动的轨迹（出示音频图）。

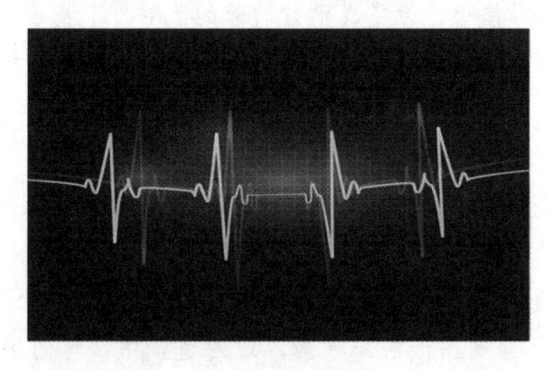

师：谁能试一试用声音描绘这幅图画呢？

（2）音画结合，模唱练习

①听音画图，浸润多声（个体独学、小组合学）

A. 学生听琴模唱

B. 加手势模拟唱

C. 出示图形谱和谱例

D. 分声部接唱

E. 高低声部合唱

②看图填音，浸润多声（小组合学）

③画栈道式音频图（小组合学）

3. 揭示课题，展开学习（设计意图：观看电影片段，增加视觉印象，让学生了解电影的感人故事，体会歌词所表达的思想内容及音乐旋律所表现出的情感）。

（1）聆听范唱，感受情绪（师生共学）

（2）介绍背景，调动情感（师生共学）

（3）欣赏视频，升华情感（师生共学）

（4）聆听范唱，完整感知（小组合学）

（5）唤醒想象，唱好齐唱（师生共学）

①视唱旋律

②填词演唱

③难点处理

④有表现力地演唱齐唱部分

（6）联系音画，完成合唱（小组合学）

①巩固合唱部分旋律音准

A. 分声部听琴视唱（弹奏单声部旋律）

B. 分声部听和声视唱（弹奏二声部）

C. 二声部合唱

②巩固练习唱好合唱

③填上歌词完整演唱

④完整演唱

4. 小结点题，升华情感（设计意图：对学生进行爱师、励志教育）。

师：这首歌曲虽短小，却寓意深刻。就像歌中唱的那样，经历风雨才能成长，我们今天克服了学习中的困难，我们就进步了。其实在我们的成长道路上会遇到各种各样的困难，希望你们迎着困难，勇敢前行，这样你就长大了，这就是成长的意义。

师：让我们听着音乐、唱着歌有序离开教室吧！期待下次课的到来！

【教学反思】

《我怎样长大》是一首旋律优美、寓意深刻的歌曲,五年级的学生已具备一定的音乐知识和理解能力,对歌曲充满浓厚兴趣,但在一节课的教学时间要基本完成二声部的合唱是一次挑战。为达成这个目标,在教学设计时,我竭力打造乐学、趣味、深情、高效、愉悦的课堂。教学中,学生对第一个激趣环节——用声音画音频图、看音频图填音符非常感兴趣,争先恐后地尝试,且小组交流也非常热烈、意犹未尽,但为保证后面的教学时间,无法满足更多学生的愿望,在今后的教学中要设计更多让学生参与的、创造性的实践活动,以满足学生学习的愿望和激情。在歌唱教学部分,学生齐唱部分学唱较快,情感把握准确,二声部学唱时,学生不太喜欢演唱旋律,急迫地想演唱歌词,但旋律不熟悉,会对填词后的二声部合唱的效果产生影响,所以在分声部进行旋律演唱的部分,要不断激起学生的挑战意识,让学生保持对旋律演唱的兴趣,以达到熟练的程度,为后面的歌曲合唱打下基础。学生基本完成了二声部合唱演唱,但两个声部之间的声音不够均衡,合唱时的声音美感不足;设计中未安排学生小组合作自我探索学习部分,在今后的教学中需增加。

(成都高新区锦城小学　刘莺)

教学设计　二

美育课程中的合作学习教学实践
——以锦城小学天府青铜艺术拓印课优质课为例

一、案例呈现

课程:小学美术

课题:天府青铜艺术拓印课

教学年级:六年级

(一)教学目标

1. 知识与技能:了解天府青铜艺术特色,掌握浮雕湿拓技法。

2. 过程与方法:观察青铜艺术造型与色彩特点,想象古蜀先民的生活状态,用着色宣纸在四川出土的汉代画像砖立体模型上拓印画像砖图案。

3. 情感、态度与价值观:感受美术活动中的乐趣,树立文化自信,热爱自己生活的城市。

（二）教学重点：用着色宣纸拓印天府地区汉代画像砖模型上的图案。

（三）教学难点：宣纸湿度适当，拓包着色虚实相间，拓出仿青铜的视觉效果。

（四）教学时间：1课时。

（五）教具学具：PPT、画像砖立体模型、浮雕拓印示范图、4开粉绿色宣纸、拓包与湿拓用墨、盛有水的喷壶、干毛巾。

（六）教学过程描述

在课堂教学中，教师首先设问："2021年，中央电视台、四川电视台等各大媒体都在报道同一件事情：'天下之谜三星堆35年后考古再受全球瞩目'，独特而耀眼的古蜀文明探索现场在全球直播，作为生活在四川的小朋友，你有什么感受？"学生答："我很好奇。""我很自豪。""我想穿越到古代。"这时，教师说："古代，离同学们现在的生活很远很远，但古代人给我们留下了丰富的图像，让我们知道，几千年前四川的经济文化已很繁荣，大家想不想看一看古代四川人究竟是过着怎样的生活？""想！"学生情绪饱满地喊道。

"好！那就和老师一起穿越到古代，去看看古蜀先民的生活吧！"教师放映四川博物院收藏的天府地区画像砖马拉车的图片与拓片图案。"这两张图片显示的图案一样，你们喜欢哪一张图片，为什么？两分钟时间，四个同学为一组开始讨论。"学生答："我喜欢画像砖，因为它看起来很古老。""我喜欢黑白的图案，因为看得更清晰。"教师点评鼓励："看来每个人喜欢的点不同。画像砖之所以珍贵，不仅仅是因为它古老，更重要的是它上面有精彩的图案，那就是古蜀先民生活的缩影。老师想把最精彩的画像砖图案给同学们一起分享，但老师遇到难题了，画像砖被收藏在博物馆里，是国家保护的文物，我没有办法搬出来。你们有什么好的主意吗？"学生答："我发现右边的图案和它一模一样，可以把画像砖上的图案印在纸上！"教师鼓励："这位同学观察真仔细，我们把掌声送给他。"

"今天，老师把博物馆用来拓印的画像砖立体模型也请到了教室里，并且准备了和青铜色彩相近的柔软的粉绿色宣纸，让同学们看一看、摸一摸，每一个四人小组都能拓印出有青铜艺术视觉效果的天府画像砖拓片图案，有没有信心？"学生："有。"

"那有青铜艺术视觉效果的画像砖拓片，究竟需要哪些材料才能完成呢？每一个步骤有哪些要注意的？请每一个组长和组员带着问题来学习拓片的制作方法。"教师放映青铜艺术拓片制作视频，板书：天府青铜艺术拓印。

展示青铜艺术浮雕示范图，总结并展示制作步骤：

1. 粉绿色宣纸完全覆盖画像砖立体模型；
2. 用喷壶在有凹凸的一面喷洒适量的水；
3. 宣纸柔软后，用干毛巾轻轻反复按压有凹凸的图案，直到图案清晰可见；
4. 如宣纸不慎被撕裂，在粉绿宣纸上用稀释的白乳胶打"补丁"，保持画面的完整；
5. 拓包蘸黑色油墨，轻拓凸起部分，注意虚实变化，直到图案完整呈现。

共有五个步骤，四名同学合作学习，完成学习任务。每个小组有三分钟时间准备材料，熟悉制作步骤，讨论分工。

每组推选一位组长，负责协调沟通与合作，随时提供支持。一位"喷水员"，负责管理喷壶，保证喷水及时与适量，并兼任"补丁小能手"。一位"按压员"，负责印出浮雕图案。一位"拓印员"，负责油墨使用与管理，保证图案清晰完整呈现。

学生分组操作时，教师巡视指导。根据学生需要示范各个步骤的基本动作，及时鼓励认真专注、与同学积极合作的同学。最后，教师将小组作品在投影仪下一一展示，发起投票，评选出"最具青铜艺术特色奖"。请获奖小组代表分享制作过程及参与拓印学习与操作的感受。

最后，总结本节课的体验和学习。找一找生活中凹凸不平的图案或花纹，讨论它们能否用拓印的方法留下痕迹。

二、问题探讨

1. 如何将汉代画像砖和青铜拓印课程结合？
2. 在小学六年级的教学中，是否应该重点剖析"图案背后的文化背景"？
3. 怎样更好地引导学生感受时代变换的美？
4. 美育课和德育课融合，是否会提升学生对课程的参与度与学习兴趣？

三、改进构想

1. 在播放三星堆考古新闻的时候，采用拓片视觉风格的动画人物结合考古现场真实照片的形式，更加符合儿童善于观察对比的特点。

2. 将"画像砖场景"编制进故事有关的对话中，让学生对"古蜀先民"的印象和理解更深刻。

3. 除画像砖外，学生学习生活中的某些文具，如橡皮也可以用来拓印，让学生不仅感受美，还能举一反三，活跃思维。

4. 可以收集优秀小组作品，制作成展示墙，作为校园文化建设和德育美育教学成果进行展示，使课程成果产生传播价值，进一步促进学生之间的友谊，培养团结精神。

（成都高新区锦城小学　周璇）

教学设计　三

太阳系
——成都高新区小学科学教学设计一等奖课例

课　题	太阳系	课时	1	高新区锦城小学　杨雄
教学目标（分层）	知识目标： 了解太阳系是以太阳为中心，包括围绕太阳转动的八大行星、环绕行星转动的卫星和小天体（彗星、小行星、流星体等）的天体系统。 技能目标： 1. 能对太阳系中各种天体进行初步分类，学会收集和整理资料。 2. 利用收集的数据，进行数据分析。 情感目标： 1. 认识到收集和整理资料并进行交流是科学学习的一种方式。 2. 体会宇宙的无限奥秘，激发学生探究的兴趣。			
教学重难点	重点：对太阳系天体系统有基本了解 难点：资料、数据的整理和分析			
教具学具电子媒体	教师准备：PPT			
教学流程	教师活动		学生活动	

续表

1. 引入课题 2. 认识太阳系 3. 收集太阳系行星数据，进行分析	师：请看去年的两个有关太阳系的新闻报道。 师：看了有什么感触？ 师：你们还了解太阳系的哪些知识？我们一起来了解一下太阳系。 教师出示课件，介绍操作。 师：请同学们点击进入，注意看里面的提示，先不忙查看这些星球的资料，了解一下这些星球的名称，注意顺序。 教师巡视指导。 师：观察到哪些星球的名称？	学生观看 学生回答 学生操作课件，观察了解 学生回答 学生操作课件，观察记录
4. 体验分析，邀游宇宙	师：了解了太阳系星球的名称，接下来该深入了解各个星球的特点了。不过，科学的学习方法包括收集和整理数据，所以我们在欣赏的同时，还要进行数据的收集，老师给每一组发放了记录单，按照上面的要求记录数据，思考从这些数据中找到什么规律，有什么发现。 师：说说这些天体的特征（讲解"光年"）。 师：这些天体可以怎样分类？依据是什么？ 教师根据学生回答进行引导，总结出恒星、行星、卫星、小天体的概念并板书。 教师出示 PPT，师生进行交流，分析记录的数据。 1. 小体验：把距太阳的距离缩小，假设地球距太阳的距离是 1 厘米，在一张 A4 纸上画出太阳系。 通过刚才的体验，你有什么感受？ 2. 根据行星的公转周期数据，你发现了什么规律？ 假设在木星和土星之间发现一颗新的行星，你估计它的公转周期大约是多少？ 3. 根据卫星数量数据你又有什么发现？ 师：你们已经掌握了太阳系的不少知识，还想不想看更多的资料图片？ 师：请点击进入测试和欣赏栏目，利用你们收集整理的资料通过测试，一旦通过，你们就能看到更多的资料。 教师巡视。 师：学习了太阳系这节课，你对我们所处的宇宙有什么感受？	学生分组记录 学生汇报 学生交流讨论 学生进行计算 学生汇报交流 学生操作课件 学生交流感受

研究主题分析：

《科学》教材中，"宇宙空间"单元的教学一直以来都是科学教师"心中的痛"。宇宙中有太多的神奇与奥秘，可它们又确实距离我们太遥远了。长期以来，我们更多只是停留在讲解、看图片上，无法真实感受宇宙的广袤。我们生活的太阳系也总令人产生无限的遐想与思索。在之前授课时，在与学生交流的过程中，可以发现他们知道许多有关太阳、月亮及其他星球的知识，甚至还可以说出黑洞、超新星、宇宙大爆炸等"高级词"。可是，学生对宇宙的认识，多源于书籍、网络或者电视节目。他们没有条件去真正观察，也从未去深入探究过太阳系的奥秘，他们对宇宙的认识只停留在文本和幻想中。如何改变这样的教学方式？我尝试利用信息技术以及网络资源，让学生合作走进神秘的网络宇宙空间，开展网络探究活动，解决宇宙单元的探究资源难以在课堂展现的客观困难。

教学目标分析：

1. 六年级下学期的学生对太阳系知识并不是一无所知，他们会从各种渠道获得各种各样关于太阳系的信息，他们可能会说出太阳是恒星，能说出太阳系的几大行星，甚至个别学生还能说出更多的知识，但大多数学生对太阳系的认识是模糊的，缺少直观的经验，甚少观察。尤其对于太阳系的组成，行星的大小、位置排列等，更是知之甚少。本课就要让学生建立对太阳系的完整认识，因此对太阳系天体系统的认识和了解也就构成了本课教学中最基本的知识目标，是每个学生必须掌握的，这也是本课的教学重点。

2. 六年级学生缺乏对数据的敏感性和处理能力。教材虽然提供了太阳系八大行星的有关数据，但学生并不能发现隐藏在数据中的有关太阳系的真实情况。我们的教学要让学生在直观形象教学信息的刺激下，保持学习兴趣，从而达到培养学生探究能力的目标。小组合作对太阳系中各种天体进行初步分类，学会收集和整理资料，并利用收集的数据，进行分析数据，这也是本课的教学重点。

3. 在教师的指导下，让学生认识到收集和整理资料并进行交流，也是科学学习的一种方式。

教学条件分析：

1. 六年级学生已对宇宙以及太阳系有所了解，但更多只是停留在知道的层面上，对于太阳系内部的情况以及天体间的相互关系、规律了解相对较少。

2. 本课通过课件等多媒体资料让学生从视觉、听觉上对太阳系有充分的总体感知。利用课件把学生"带到"宇宙太空，观察太阳系中的各种星体，理解太阳系中八大行星以及太阳卫星、矮行星、小天体（包括小行星、流星、彗星等）等天体之间的关系。

3. 课件设计中提供了学生动手操作的程序，学生可以用鼠标控制进行自主探究学习；整个课件以任务的方式有序展开，学生只有在完成前置任务的前提下，才能进入后面的学习，才能欣赏到更精彩的宇宙图片。让学生身临其境感知宇宙的奥秘，保持学习探究的兴趣。

课后改进反思：

1. 引入部分：设计了两个国际天文组织的最新报道，从实际教学来看，关于"旅行者1号"的资料对于学生的帮助显得稍弱，学生的注意力更多集中在关于太阳系的报道上。因此可以删去"旅行者1号"的资料介绍。

2. 认识太阳系：学生没有完全按操作要求去执行，导致本环节所费时间稍多，可适当进行调控，压缩时间。

3. 分析太阳系：对数据进行简化处理，每个小组只完成相应天体的知识分析，并没有对全部相关知识有所了解。从教学情况来看，应该调整思路，让每个小组都经历完整的认识和分析，为后面的"测试与欣赏"环节做好铺垫。

（成都高新区锦城小学　杨雄）

教学设计　四

水平三肩肘倒立教学设计
——高新区小学体育教师赛课一等奖课例

一、课题解析

（一）指导思想

在健康第一的思想指导下，贯彻以学生发展为本和健身育人的理念，基于高新区"悦动创生型"体育课堂的设计理念，从激发学生学习兴趣入手，以疑为动力，以动为目标，以悦为主线，着重培养学生的健康行为、运动能力、体育品德等体育核心素养，为终生体育奠定基础。

（二）教材分析

本次教学是肩肘倒立第一次课，肩肘倒立的学习共设计两次课完成。本次课是将肩肘倒立动作分解，由浅入深，掌握保护与帮助下的肩肘倒立动作技巧，为第二节课肩肘倒立的学习做好准备。整堂课中以帆船为主线，通过情境创设让学生在轻松活跃的气氛中完成学习。

（三）学情分析

五年级学生模仿能力强，乐于参加体育活动，乐于向同伴展示。他们在之前的体育课上学过各种滚翻，为本课的学习奠定了一定的基础，所以在教学过程中教师要多提问、多鼓励，同时在教学方面增加学生间的互帮互助，让学生在欢快的教学互动中增强自己的协调平衡能力，激发学习体育技能的兴趣。

（四）教学目标

1. 认知目标：通过教学使90%的学生理解后倒、翻臀、伸髋、举腿动作要点。

2. 技能目标：通过练习使学生基本掌握肩肘倒立技术，发展学生的核心力量。

3. 情感目标：培养学生友好合作、克服困难的品质，增强自信心。

（五）重难点

重点：伸髋立腰，两手撑腰背，脚面绷直。

难点：伸髋立腰与两手撑腰背的配合。

（六）主要教法运用

五年级学生的认知能力和体育意识达到了一定的水平，但此阶段自控能力还较差，所以要进一步培养学生的自我控制能力。因此本次课将采取三种教学方法：

1. 情境教学法：整堂课以将肩肘倒立作为帆船上的帆创设情境，学生们通过选择船体、制作船帆、升起帆面、帆船比赛等环节完成本节课。

2. 想象教学法：在新授翻臀、伸髋、举腿动作时，先让学生想象升起船帆，尝试练习，然后在教师的引导下让学生来讲解、示范。

3. 重复练习法：让学生反复练习，加深对技术动作的印象，提高熟练度。

（七）教学过程

本课通过用扬帆起航进行激趣导入——寻找帆船游戏快乐热身——用制造

船帆设疑解惑—升起船帆尝试练习—教师导引促学—引导纠偏—学生分组巩固完善—拓展提升—放松小结等环节，由易到难、循序渐进地推进，并在尝试体验中去领悟肩肘倒立的动作要领。通过合作学习、游戏情景想象等方法，使单一的技巧性学习变得有趣。

（八）预计练习效果

1. 运动密度为60%，运动负荷为中。

2. 平均心率120～130次/分。

二、"肩肘倒立"单元教学计划

单元教学内容：肩肘倒立			
教学目标	1. 培养学生对学习体操项目的兴趣，让学生体会练习中的快乐并乐于积极参与体育活动。 2. 通过练习、保护与帮助来完成肩肘倒立动作，并掌握其动作要领。 3. 通过练习，提高学生的平衡性、力量性和协调性。 4. 通过游戏，培养学生团结合作、勇敢顽强的品质和集体主义精神。		

课时	教学内容	技术重难点	教学目标	主要实施策略
一	保护与帮助下的肩肘倒立	教学重点：伸髋立腰，两手撑腰背，脚面绷直 教学难点：伸髋立腰与两手撑腰背的配合	1. 认知目标：通过教学使90%的学生理解后倒、翻臀、伸髋、举腿动作要点。 2. 技能目标：通过练习使学生基本掌握肩肘倒立技巧，发展学生的核心力量。 3. 情感目标：培养学生友好合作、克服困难的品质，增强自信心。	1. 练习坐撑动作。 2. 练习坐撑后倒翻臀。 3. 学习坐撑后倒翻臀举腿伸髋。 4. 学习保护与帮助下的肩肘倒立。 5. 个体练习，小组合作学习。 6. 个体示范，集中纠错提炼要领。
二	肩肘倒立	重点：伸髋立腰，两手撑腰背，脚面绷直 难点：伸髋立腰与两手撑腰背的配合	1. 知识目标：通过反复认真的练习使学生学会运用已知知识解决简单问题的方法。 2. 技能目标：通过反复认真的练习使学生基本掌握肩肘倒立动作要领。 3. 情感目标：通过练习培养学生友好合作、克服困难的品质，增强自信心。	1. 复习夹肘撑背。 2. 复习坐撑后倒翻臀举腿伸髋。 3. 学习无保护下的肩肘倒立。 4. 个体示范、集中纠错提炼要领。

"保护与帮助下的肩肘倒立"课时计划

年级：五年级	第一课时	执教教师：周建东

内容	教学内容：保护与帮助下的肩肘倒立
教学目标	1. 认知目标：通过教学使90%的学生理解后倒、翻臀、伸髋、举腿动作要点。 2. 技能目标：通过练习使学生基本掌握肩肘倒立技巧，发展学生的核心力量。 3. 情感目标：培养学生友好合作，克服困难的品质，增强自信心。
重难点	教学重点：伸髋立腰，两手撑腰背，脚面绷直。 教学难点：伸髋立腰与两手撑腰背的配合。

环节	教学内容	教学活动过程	阶段目标	时间	强度
激情导入	课堂常规引入课题	1. 整队集合。 2. 体育委员整队，出入列报告，检查服装及出勤情况。 3. 师生问好。 4. 教师提出教学内容和学习目标，导入主题。 5. 安排见习生。	用目标激励法激发学生学习的积极性。	1分钟	小
快乐热身	1. 抢船游戏 2. 一般热身活动	1. 教师讲解游戏规则和要求。 2. 组织学生进行游戏。 3. 学生站在体操垫的一侧。 4. 学生跟教师一起做热身活动，重点活动头颈部，口令清晰，激情饱满。	1. 通过游戏加强学生积极运动的兴趣。 2. 通过热身活动避免学生受伤。	4分钟	中小
专项热身	1. 夹球接力 2. 仰撑练习 3. 坐撑练习 4. 坐撑后倒翻臀	1. 教师讲解夹球接力过程。 2. 组织学生进行练习。 3. 带领学生进行仰撑练习。 4. 通过帆船上的准备动作，引出所学内容的坐撑动作。通过挂帆引出坐撑后倒翻臀动作。 5. 教师示范动作，提炼动作要领。 6. 学生两人一组练习，教师语言指导。	1. 夹球接力为后面坐撑后倒翻臀动作的练习做铺垫。 2. 仰撑练习加强学生伸髋意识。 3. 通过情景提问引出坐撑动作及坐撑后倒翻臀动作。 4. 通过坐撑后倒翻臀练习加强肩肘倒立动作的学习。	7分钟	中

续表

认知设疑 自主体验	1. 坐撑后倒翻臀伸髋举腿 2. 教师示范动作	1. 通过升起帆面活动引出坐撑后倒翻臀伸髋举腿动作。 2. 教师示范动作并讲解动作要领 3. 学生尝试练习。 4. 教师巡回指导。 5. 教师请学生展示，同时示范帮助者的动作。 6. 学生两人一组进行练习。 7. 学生展示，教师评价。	1. 通过情景提问引出学生所要学习的内容。 2. 教师的示范和讲解加深学生对动作的理解。 3. 通过同伴的帮助练习伸髋绷脚尖动作。	5分钟	小
引导学练	1. 教师完整地讲解肩肘倒立动作要领 2. 教师示范保护与帮助方法	1. 学生认真学习教师示范动作及保护方法。 2. 学生练习动作，实践保护与帮助的方法。 3. 教师巡回指导。 4. 学生展示。 5. 教师评价。	1. 教师的完整示范有利于学生正确理解动作。 2. 通过纠正错误加深学生对正确动作的理解。	3分钟	小
合作创练	两人合作练习保护与帮助下的肩肘倒立	1. 两人一组进行练习，一人保护帮助。 2. 教师巡回指导。 3. 教师评价。	1. 通过学生间的互相帮助，使同伴更快地学会肩肘倒立动作。 2. 教师语言提醒告知学生保护与帮助的重要性。	3分钟	小
素质强化	游戏：帆船比赛 规则：两个学生跪撑在一个体操垫上，游戏开始后，两个学生通过配合，爬行将体操垫移动到指定位置，然后面向教师坐撑在体操垫上，用时最少者获胜。	1. 教师讲述游戏的规则及要求，并提出注意事项。 2. 学生认真听讲。 3. 教师示范。 4. 教师组织学生进行游戏。 5. 教师评价。	1. 激发学生团结合作的优秀品质和勇于拼搏的精神。 2. 通过游戏加强手臂和腰部力量。	4分钟	大

放松总结	1. 放松练习 2. 总结评价 3. 归还器材 4. 师生再见	1. 在音乐中学生坐在体操垫上，模仿教师动作，进行放松练习。 2. 教师进行简短总结。 3. 安排学生有序归还器材。 4. 下课。	学生身心放松，体验参与运动带来的快乐。	3分钟	小
场地器材	体操垫21块、音响一个、耳麦一个、U盘一个、图架4副、图片4张		预计负荷	平均心率：120～130次/分 练习密度：60%	
教学反思	本节课以"悦动创生型"体育课堂设计理念为基础，从激发学生学习兴趣入手，以疑为动力，以动为目标，以悦为主线。首先，从本节课的创新点来看，在教学中为了突出动作，运用帆船、挂帆、升起帆面、帆船比赛的环节来贯穿整个教学内容，让学生在轻松愉悦的氛围中进行学习。其次，教学设计体现悦动创生型的"疑试导练"课堂模式。教学结构合理，目标明确，符合体育课的规律和学生的认知规律以及技能形成规律。本节课的亮点如下：在进行专项热身游戏中，通过游戏双脚夹球后倒传递，让学生思考和体验动作，为本节课的主要教学内容进行铺垫。最后，在教学中，教师通过分解动作的图片展示，让学生能够随时对照动作，思考动作技术要领。				

（成都高新区锦城小学　周建东）

第三节　艺体综合乐群学堂教学实录

教学实录　一

从"日常概念"到"科学概念"

小学科学课程标准强调，要从学生的已有生活经验出发进行教学。教学活动必须建立在学生的认知发展水平和已有的知识经验基础之上，从学生的生活经验和知识背景出发，为他们提供从事科学活动和交流的机会，帮助他们在自主探索的过程中真正理解和掌握基本的科学知识与技能、科学思想和方法，同时获得广泛的科学活动经验。

《它们去哪里了》是一年级下册"我们周围的物体"这一单元中的一

课，学生从生活经验中知道，把食盐或水放入水中会慢慢"化"掉，但是把小石子放入水中却不会"化"。这些认识都指向"溶解"这一概念，本节课将为学生以后学习和建立溶解的概念奠定基础。本节课学生只需要通过实验现象对溶解有初步的认识即可。

师：同学们，老师这有食盐、红糖、小石子，如果把它们放入水中，会发生什么变化呢？

学生根据生活经验进行预测。

师：实验是检验真理的唯一标准。老师为每个小组准备了这三样物品，请大家仔细观察它们原本的样子（介绍放大镜的使用方法）。

学生进行观察三种物品，为放入水中前后的对比做准备。

师：要想看它们在水中是什么样子的，我们可以怎么做？

学生研讨，教师指导。这里教师要提醒学生注意要点，并提醒学生通过文字或图画记录实验结果。

师：把盐、红糖、小石子放入水中，你观察到了什么现象？

教师有意识地询问学生哪些物品发生了变化，哪些没有变化。再引导学生对比三种物品发生变化的相同点和不同点。学生会说出盐和红糖放入水中经过搅拌后看不见了，而小石子不断搅拌，仍然没有任何变化。教师可以借机说明，红糖或食盐在水中溶解了，而小石子在水里没有溶解。这与学生原有的生活经验是相符的。在此，学生无须了解"溶解"的定义，只需要通过现象认识什么是溶解。

《物质在水中是怎样溶解的》选自四年级上册"溶解"这一单元，这一课相比于《它们去哪里了》就需要对溶解有一个更深入、更科学的认识，选用了溶解实验的典型材料"高锰酸钾"，让学生通过仔细观察，描述高锰酸钾溶于水的过程，形成溶解的描述性概念。

师：糖和食盐放入水中会发生什么现象？

生：会溶于水中。

师：为了更加清楚地观察到这一过程，我们用一种有颜色的物质来做溶解实验（出示高锰酸钾）。

师：高锰酸钾是一种什么样的物质？（外观呈黑紫色的固体小颗粒）

教师指导学生正确实验：在一个装水的烧杯内，轻轻地放入几小粒高锰酸钾，先静观高锰酸钾在水中的分散现象，然后用筷子轻轻搅拌一下水，继续观察水和高锰酸钾的变化（注意学生对观察到的细节描述：高锰酸钾颗粒慢慢地变小，形成紫色的线条向四周扩散，然后均匀地分散在水中，形成紫红色的溶液）。

师：高锰酸钾在进入水的前、中、后分别有什么样的变化？它在水中溶解了吗？它与食盐在水中的溶解有什么异同？

学生研讨总结。

这两堂课是小学科学不同阶段的两堂课，学生头脑中有许多和"科学概念"内涵不同但名称相同的概念，具有许多"日常概念"或前概念的知识。从学生的生活经验出发，就必须研究这些知识，了解已有的认知结构，并促进两者的相融，丰富学生的生活经验。

（成都高新区锦城小学　李雪梅）

教学实录　二

千古文明，上古传奇
——"青铜面具"教学实录

教材分析：

"千古文明，上古传奇——青铜面具"是我校邵红清老师在特色校本课程研究时设计的一节关于天府文化艺术传承的活动课。这节课程呈现的是传统手工与文创融合教学，以"培养动手能力，激发创造潜能"为目的，充分开发天府地域资源，利用废旧材料制作三星堆文化元素的文创手工品，以独特的艺术魅力使学生对手工制作的理解延伸到文化领域，从小培养学生动手、动脑的能力以及环保、创新的意识，让学生用自己灵巧的双手装点生活、点亮世界！

学情分析：

小学五年级学生对美术基础知识和造型技能有一定的掌握，能够较好地进行小组合作学习，同时还具有运用各种综合材料的能力，大部分学生能较好地制作半浮雕和立体造型作品。本节课将三星堆青铜文化资源与儿童美术教学有机整合，通过学科教学的内外衔接，着力拓展青铜特色课堂，充分利用天府地区资源进行校本课程探究，引导学生参与文化的传承和交流。

教学准备：

教师：多媒体课件、微视频、超轻黏土、丙烯颜料、剪刀、排笔等。

学生：废弃纸杯、超轻黏土、排笔、丙烯颜料、调色碗、小抹布、剪刀等。

学习目标：

1. 让学生初步了解三星堆青铜文化艺术的特点，培养学生对民族传统文化的热爱。

2. 通过观察、对比、分析等方法，让学生熟悉三星堆青铜面具的形象特点，并大胆尝试用黏土技法制作仿青铜面具以及对面具的设色练习。

3. 通过对废旧纸杯、超轻黏土的运用培养学生的动手能力、创新意识和环保理念。

学习重难点：

重点：在了解厚重的青铜文化的基础上，利用废弃纸杯结合超轻黏土制作仿青铜面具造型的作品。

难点：青铜面具面部五官的塑形以及涂色擦金。

教学过程：

1. 导入新课

（1）向学生展示并介绍四川文化的代表青铜面具作品，学生认真观赏。

（2）引导学生认识青铜器。

师：你们知道摆在这里的器物叫什么名字吗？

生：是青铜器。

师：那在青铜器之前，人类历史上出现的工具使用时代有哪些？

生：石器时代、铁器时代……

师：在青铜器出现之前还有石器时代、陶器时代，然后才出现了金属，出现最早的金属不是铁器而是青铜。青铜最早出现在4000多年前。

（3）师：看图，古代的青铜器有盛食物的、装酒的，但今天老师给大家介绍的青铜器不是用来装食物的。

（4）师（引入主题）：在四川，离我们很近的三星堆博物馆中有一批特古的青铜器，千古文明，上古传奇。这就是今天老师要带大家一起探究的文明之旅。

设计意图：了解青铜发展史，激发学生的学习兴趣。

2. 探究新知

（1）想象一下那些盛食物的青铜器和三星堆里的青铜器有什么不一

样，学生谈一谈自己的理解。

（2）邀请学生跟随《青铜传奇》的视频，走进三星堆博物馆，欣赏各种青铜立人像，让学生感受古蜀文明的伟大，惊叹古人创作的智慧。

师：三星堆里的青铜器有的很大，有的很小，那大小悬殊这么大的青铜器都是用来做什么的呢？

生：祭祀。

师：当然这只是我们现在的一些猜测，到底怎么用我们还没有定论，有待我们去学习和研究。这节课我们其实就是要去探究三星堆青铜面具的形象特点。同学们，待会儿你们想不想自己做出来（课件出示三星堆不同造型的青铜人面像）？

生：想。

师：在学做之前我们首先要去了解他们的形象特点。请同学们观察这组青铜面具，用一句话概括你观察的感受。

生：这些青铜面具的五官都特别夸张，耳朵特别大，方方正正的。

生：脸型是倒着的梯形。

生：嘴巴很扁很长，鼻子很尖。

生：眼睛很大，外凸，呈三角形，无眼珠，两眼呈倒八字。

师：只有掌握到了这些青铜面具的形象特点，我们才可以去学习模仿制作。

师：同一时期的玛雅文明，老师找到了它们和三星堆相似的元素，发现有些面具的眼睛也是三角造型，或无珠或外凸，它们和三星堆都属同一时期。

师：除了这些，同一时期其他地区的人像和三星堆、金沙文明也有相似之处，如印度的纵目人像雕塑、埃及法老像等。

学生认真观看，跟随教师一起寻找相似处。

师（总结）：人类古老的文明在同一期时期也是非常接近的。

3. 探究青铜面具形象特点

（1）进一步学习，通过刚才的分析、判断，总结出三星堆青铜面具的特征。

（2）教师出示青铜面具图片。

师：用线条描绘出来的青铜面具的形状是不是更加一目了然啦？

师：老师请来了一位古蜀国民，让他来告诉大家他们的长相有什么特点。（出示小口诀：眉眼似刀，鼻眼呈三角；扁嘴细长别短了，耳朵梯形莫忘了。）

学生齐读。

师：现在大家对他们的形象特点是不是有些了解啦，有点跃跃欲试想做的冲动？

师：刚才我们练的基本功现在就有用武之地了。请同学们观看一段视频！在看的过程中请大家思考一下：①制作仿青铜面具有几个步骤？②制作过程中用了哪些黏土技法？③制作时是怎么上色的？④制作过程中哪些地方用到了剪刀？

（3）教师播放技法示范微课，并进行讲解。

（4）深入重难点

A. 微课视频结束后，教师再次示范制作流程，巩固知识点，并引导学生回答问题。

B. 上色是难点，教师现场示范：绿色满涂，边边角角要涂到；金色顺擦，缝隙千万别涂满。

4. 艺术实践

（1）使用超轻黏土、丙烯颜料以及其他工具制作一个仿青铜面具。

（2）学生认真创作，教师巡视指导。

5. 展示评价，学生分享创作心得

6. 延展与总结

师：今天我们利用黑色黏土以及丙烯颜料制作了仿青铜质感的青铜面具。今后我们还可以利用其他废旧材料制作书签、装饰摆件等艺术作品，只有你们肯思考、善发现，艺术就在我们身边。

7. 课后反思

青铜文化、三星堆文化信息的整合是一个重要的环节，毕竟课堂只有40分钟，不可能面面俱到。对于针对性不强的内容就没有必要在课堂上展示，这样有利于突出重点。动手能力不强的学生容易在制作过程中出现细节错误，例如涂色时会用排笔反复上色，凸处凹处全都刷上颜料，多余的颜料还未擦掉就开始擦金，将颜料排笔乱放等，这都需要学生花一定时间去训练才能避免。当学生能做到认真听讲、制作过程有序、整洁干净，我想学生就能养成良好的习惯，优秀艺术成果也建立在这样的基础上。

（成都高新区锦城小学　王倩）

第四节　艺体综合乐群学堂教学研讨

教学研讨　一

锦城小学乐群学堂模式下的劳动教育研究
——以"悦·农场"为例

成都高新区锦城小学自2013年提出乐群教育主张以来，从课堂、课程、课题出发，坚持打造以儿童为中心、以活动为载体的乐群学堂，真正实现了乐群学堂"乐于群，群中乐，成于乐"的思想内涵，也切实践行了乐群学堂"主动参与、协作建构、深度互动、成功体验"的实践特质。

劳动教育是全面贯彻党的教育方针的基本要求，是实施素质教育的重要内容，是培育和践行社会主义核心价值观的有效途径。目前，关于小学生劳动教育的研究主要集中在劳动价值研究和劳动教育现状调查研究等方面，而对学生如何参与劳动的策略和方法研究较少。本文尝试从小学生校园实践的视角，以成都高新区锦城小学"悦·农场"为例，基于其乐群学堂教学模式，探索小学生在校园自主多样地参与学习劳动的样态，对乐群学堂模式下的劳动教育进行系统分析，以期为未来学校人才培养目标和价值追求的选择，为未来课堂教学方式及学习方式等提供有益的借鉴和启示。

一、锦城小学乐群学堂解读

成都高新区锦城小学以全科育人、全程育人、全员育人为指导，倡导"儿童视野"下的教学，提出"乐群学堂"教学主张。乐群学堂以科学辩证唯物主义的认识论为哲学基础，既回答了"培养什么人"的问题，又回答了"怎样培养人"的问题。"乐群"作为育人目标，主要培养学生学习的深刻性、灵活性、批判性、创造性品质；"乐群"作为实现方式，主要以"群落"为手段，构建"乐群学堂"实施策略，培养学生"悦身心·会合作·善思辨"的乐群品质。

乐群学习的过程，体现了"实践—认识—再实践"的过程，是鼓励学生独立探究、合作学习的课堂。"乐群学堂"关注并培养学生的观察与质疑能力、自主学习与合作交流能力、实践与创新能力等，这直接奠基了学生学习的意识与行为基础。目前，锦城小学已将个体独学、小组合学、师生共学、总结拓学四个环节作为乐群学习的关键环节。

二、乐群学堂背景下的"悦·农场"劳育基地建设

劳动不仅是教育起源的重要方面，也是教育实践的主要内容之一。2020年3月20日中共中央、国务院印发《关于全面加强新时代大中小学劳动教育的意见》，提出通过适当的教育途径培育具有健康劳动价值观、具有自由个性的"全面发展的人"。习近平总书记在全国教育大会上指出，教育的首要问题是培养德、智、体、美、劳全面发展的社会主义建设者和接班人。新时代背景下，加强劳动教育，旨在将劳动回归人之本质，回归学生的生活日常和成长必需，帮助学生在自主实践中发现自我，通过双手改变和创造自己的生活。

小学劳动教育是以促进小学生形成劳动价值观和养成良好劳动习惯为目的的教育活动，具有普通教育、价值教育以及时代特征与社会属性的特点，作为小学教育的重要部分，不能局限于小小的教室，而应该在实践中开展劳动教育。因此，成都市高新区锦城小学积极推进学校劳动教育，要求学校全面开展以劳动教育为中心的各类活动，并坚持全员参与、课程全覆盖等具体措施。锦城小学根据成都高新区劳动教育工作要求，为进一步提高全校师生对劳动教育重要性的认识，推动学校劳动教育工作有序开展，在"乐群学堂"的实践背景下，成立了"悦·农场"劳动教育实践基地，构建了以劳立德、以劳思智、以劳强体、以劳尚美的"悦身心·会合作·善思辨"的劳育乐群品质。通过"悦·农场"劳动实践课程的实施，提升学生的劳动能力，培养学生的劳动意识，使学生成为德、智、体、美、劳全面发展的社会主义接班人。

三、乐群学堂背景下的"悦·农场"劳育目标

锦城小学在"儿童是教育的唯一中心"的教育思想下，提炼出了劳动教育愿景：真劳动、真观察、真体验、真探究、真思考、真创新，以培养学生"诚于中·形于外·慧于心·秀于言"为育人目标，努力构建"悦身心·会合作·善思辨"的新时代乐群劳动教育模式。"悦·农场"劳动教育实践基地是一个"乐群"的场所，学校紧扣"五育并举"全面育人，将乐群学堂与生活紧密联系起来，让实践成为学生个人发展的"源头活水"，发挥适宜的帮助、促进、催生的作用，让锦城小学儿童全面发展、积极向上，拥有健康的身体、健全的人格和多样的能力，让每一个锦城小学儿童经历多彩的童年。

四、乐群学堂背景下的"悦·农场"教学实践

结合锦城小学的办学愿景，为了发展学生核心素养，培养全面发展的人，在乐群课堂下的"悦·农场"教学实践中，施行乐群品质的四个关键环节，给课堂创造一个合适的"社会环境"，由师生组成一个学习共同体，为学生主动建构起新的认识结构，发挥适宜的帮助、促进、催生的作用。因而，劳动教育课堂成为"乐群"的场所。

（一）走出教室，打造"悦·农场"新阵地

学校开辟了150平方米的"悦·农场"劳动教育实践基地。购买适宜作物生长的优质营养土，为"悦·农场"提供了坚实的物质基础。"悦·农场"被分成10个区域，面向全校6个年级的学生，将6个区域分包到年级，4个区域用于农场社团教学。购买应季的蔬果花木，按照各作物种植的难易程度责任到班，具体到人，以此来强化学生的责任意识和集体观念。

（二）学科渗透，拓展乐群学堂劳动实践新思路

锦城小学积极加强乐群学堂学科渗透课程，全校师生走进农场，情景教学：科学课在农场观察植物，音乐课也走进了农场，学生从课本到农场真实体验，在实践中学习和探索，形成从传统课堂走向创新课堂，封闭课堂走向开放课堂，探究课堂走向体验课堂的新格局，实现学科课程渗透，以学生的自学、共学、享学，教师的先学、让学、助学的教学策略，建构具有均衡性、选择性、实践性特点的乐群学堂模式，培养学生"悦身心·会合作·善思辨"的乐群品质。

（三）亲身参与，落实乐群学堂核心素养新要求

乐群学堂倡导"儿童是教育的唯一中心"，在"悦·农场"的实际操作中，学校各年级师生亲力亲为，根据植物的生长规律悉心培育，学生在实践过程中积极交流，培养了科学素养。实践创新意识贯穿"悦·农场"乐群学堂始终，时时实践、处处实践，提高了学生的动手能力。让学生在乐群的实践中主动探索和学习，发现并解决问题，把所学知识应用到实践环境中去，获得更多属于自己的独特感受，在实践中求真知，使劳动教育核心素养得到有效落实。

（四）植根农场，创新劳动教育新形式

锦城小学将种植管理和社团相结合，学生在玩中做，在做中学。学校开展"悦·农场"社团，创建了"农场＋体验＋实验研究"的乐群模式。"悦·农场"社团的开展，让学生们既会动手，又能动脑，培养学生的劳动意识，让学生开展属于他们自己的探究，初步体验科学研究的乐趣。

五、成效

锦城小学乐群课堂下的"悦·农场"为学生进行劳动实践创造了一个新的乐群学习空间，为教师创新授课模式提供了新的乐群教育阵地，为完善学校乐群课堂校本课程体系丰富了新的内容。

在"悦·农场"劳动教育实践探索的过程中，"悦身心·会合作·善思辨"的新时代劳动教育模式逐渐深入人心。学校于2020年着手进行相关课题的研究，在探索和实践中有机整合了校本资源，丰富和完善了课程发展的理论和研究成果，使学校"乐群教育"办学特色更加凸显。经过不断地探索实践，锦城小学"悦·农场"劳动教育体系逐渐形成，并于2020年被评为成都市劳动教育示范学校。"悦·农场"源于劳动，又不囿于劳动，贴近学生的生活，潜移默化地影响着学生的劳动意识，最终实现"内化于心，外化于行"的目标。

（成都高新区锦成小学　黄素）

教学研讨　二

小学美术课堂中自由创作思维的培养

在小学美术教学中应倡导自由，予学生以多样化的发展，这是引导学生天性想法的奔涌，更是书写生命原力的张扬。教师需要改进自身的教学方式，不能将自己观察和理解的内容全盘灌输给学生，否则越来越容易使学生被动地接受知识，不能充分发挥学生在美术学习中的主体性。以教师为中心，忽视学生主体地位的课堂不是好课堂，它压抑了学生在教学过程中的主动性、积极性和创造性，束缚了学生主体的发展。课堂需要自由，要给学生初试羽翼的天空，而不是囚禁心灵的场所。好的课堂是能让学生在课堂上自由展现、释放个性、自主学习、主动探究的课堂。

教师要通过有效的教学策略，致力激发学生学习美术的兴趣，营造轻松、愉悦的美术课堂学习氛围，充分调动学生参与美术课堂教学活动的积极性与主动性，鼓励学生自主思考，解放学生的思想，培养学生敢想敢做的精神，进而培养学生的美术创作思维。

通过情景导入、主题探究、学生创作、精彩展示、课后拓展等环节进行教学，并融合各种教学方法，美术课堂会更加生动有效，熠熠生辉。只要教师在课堂上给予学生足够的空间，学生会让你惊喜连连，课堂会变得自主有效，迸发出勃勃生机。特别是低年级段学生的课堂，学生的学习习惯还在养成之中，使用这样的教学方法效果尤为明显。足够的自由不同于放纵或无限制的自由，给学生怎样的自由呢？以一年级美术"手形的联想"一课为例。

一、要给学生创设自由轻松的课堂氛围。

有效的美术课堂是建立在良好的秩序和纪律之上的，但不需要学生像哑巴那样安静，像木头人那样的一动不动，那样的课堂就像被大头针钉住翅膀的蝴蝶标本，失去自由的源泉。教师要努力创造良好、民主、宽松的氛围，课堂中要释放学生的天性，创设愉悦的、轻松自由的环境。在课堂导入时，我就通过动画人物"孙悟空"的出场，激起学生的好奇心与兴趣。一年级的学生在看到自己特别喜欢的孙悟空时非常激动，叽叽喳喳地表达自己的兴奋。我引导他们用自己喜欢的方式与孙悟空打招呼问好，很快地集中了他们的注意力。观看手影游戏可充分调动学生的兴趣与好奇心，使他们兴趣盎然地进入本课的主题研究。爱玩是学生们的天性，也是他们的兴趣所在，这种游戏式教学，能让学生对课堂保持浓厚的兴趣，使学习过程变得轻松活跃。在游戏过程中，课堂气氛活跃，学生精神放松，自由创作思维的火花就会竞相迸发。

二、要给学生自主探索的自由。

课堂上要培养学生独立解决的能力，尊重每一个学生，鼓励学生的发散思维，这样才能让学生的思维变得宽阔、多元、敏捷。课堂上要培养学生的个性，尊重学生的人格，给学生质疑的权利。教师要与学生构建亲情、朋友一样的氛围，学生才能健全地发展。"手形的联想"一课旨在通过手形的表演与联想，使学生体会手形带给我们的丰富联想，并通过平面绘画的方式，尝试将自己借助手形联想到的形象表达出来。

变化，从最简单的手形开始。一个手形，进行不同方向的旋转，就激发出学生丰富且多样的想象。根据第一位学生的想象描述，将手形变化迅速画在黑板上，引导学生在手形上进行添加创作，会使图形更加逼真形象。接下来，是一只手、两只手……放手让学生自由探索，他们对手形变化的联想让我不禁惊叹，学生自由创作思维充分展开，创意独具匠心，令人大开眼界。

三、要给予学生个性思维评述的自由

美术学科不同于其他学科，没有所谓的标准答案。欣赏一幅美术作品，就像人们阅读小说《哈姆雷特》一样，一千个人心中就有一千个不同的哈姆雷特。当学生在美术课中的观察与发现与其他学生不一样时，属于"仁者见仁、智者见智"，教师都应该予以肯定和鼓励，不要吝啬对学生的表扬。对学生及时积极的正面评价，融洽了师生关系，活跃了课堂氛围，激发了创造热情，有效地提高了学生的学习质量，促进了能力的提升。在这样自由的课堂中，学生才能自由地去想象和去创造。学生在主题探究的过程中，时常会冒出一些奇思妙想或独特的个人见解，这些正是对教师激发学生思考最好的反应，也是对教学预设极好的反馈。在课后的反思中，不断捕捉、判断、重组课堂教学，从学生那儿涌现出来的奇思妙想，就会不断提升教师的专业水平，并感受自己作为教学引领者的欢乐。

课堂中，给学生自由吧！放手让学生发明创造，鼓励他们自由探索，让学生用自己的眼光来看世界。实在忍不住了，也顶多指点一下、引导一下，而不是直接告诉学生标准答案，不耐烦他的错误。尊重学生，给他们自由，学生会在你的每次美术课中都给你带来惊喜！

只有自由的课堂才能让学生自由展现，释放个性，自主学习，主动探究。只有自由的课堂才是创作思维迸发的基础，自由的课堂才是好课堂！

（成都高新区锦城小学　彭英）